Cornelia Mack

Von Zerbrüchen, Umbrüchen und Aufbrüchen

Cornelia Mack

Von Zerbrüchen, Umbrüchen und Aufbrüchen

SCM Hänssler

SCM

Stiftung Christliche Medien

2. Auflage 2010
Bestell-Nr. 394.540
ISBN 978-3-7751-4540-4

Internet: www.scm-haenssler.de
E-Mail: info@scm-haenssler.de
Umschlaggestaltung: OHA Werbeagentur GmbH, Grabs,
Schweiz; www.oha-werbeagentur.ch
Titelbild: istockphoto.com
Satz: Satz & Medien Wieser, Stolberg
Druck und Bindung: CPI – Ebner & Spiegel, Ulm
Printed in Germany

Inhalt

Einleitung

Brüche, Umbrüche und Zerbrüche gehören zu jedem Leben dazu, je länger wir leben, umso mehr. Einige Umbrüche bahnen sich von langer Hand an, dann können wir uns darauf einstellen, manches sogar planen. Andere Umbrüche treffen uns völlig unerwartet aus heiterem Himmel. Danach ist das ganze Leben anders und es kann sich aus der veränderten Situation eine handfeste Lebenskrise entwickeln. Je existenzieller wir davon betroffen sind, desto mehr fühlen wir uns solchen Ereignissen hilflos ausgeliefert.

Sie können uns in tiefe Krisen führen, zu einer Lebensverweigerung, zu einem grundsätzlichen Nein zu allem Zukünftigen. Dies geschieht dann, wenn wir uns in Abwehrreaktionen verfestigen, Trauer und Schmerz nicht zulassen, uns auf das Neue nicht einlassen wollen. Dadurch kann Vertrauen in uns selbst, in andere Menschen und in Gott endgültig zerbrechen.

Erfahrungen von Umbrüchen bergen aber auch große Chancen. Sie leiten Prozesse des Umdenkens ein, sie verändern unser Leben und führen es auf neue Pfade. Sie lassen uns den Sinn und das Ziel des Lebens überdenken. Sie helfen uns, uns und andere zu hinterfragen und können dann letztendlich auch Aufbrüche einleiten.

Umbruchsituationen beinhalten also immer beides: Krisen und Chancen. Sie sind oft schwer zu bewältigen, aber sie können auch stärken und reifen lassen. Die Wege, die wir in solchen Zeiten gehen müssen, sind manchmal sehr mühsam, aber sie enden nicht in einer Sackgasse. Leid kann fast zu Boden drücken, die Luft zum Atmen nehmen, aber wir dürfen wissen: Bei Gott ist das Leid nie das Letzte.

In diesem Buch versuche ich, Hilfestellungen anzubieten. Nicht alle, aber viele der geschilderten Situationen habe ich persönlich erlebt und durchlitten. Meine Erfahrung ist: wir müssen in Umbrüchen nicht scheitern, wir müssen hindurch, aber wir bekommen auch wieder Kraft, uns auf Neues, Unbekanntes und Unvertrautes einzulassen. Dies sehen wir nicht sofort, aber in einem gewissen zeitlichen Abstand erkennen wir welcher Segen auf den schweren Zeiten des Lebens lag und wie wir eben daran gereift sind und dadurch für Zukünftiges gestärkt wurden.

1. Umbrüche des Lebens

Es gibt negative und positive Umbrüche.

Positive Umbrüche bahnen sich manchmal von langer Hand an, zum Beispiel dadurch, dass wir mit dem Gedanken an der Veränderung der Wohnung, der Arbeitsstelle, des Erziehungsstiles spielen, oder dadurch, dass wir mit der momentanen Situation, mit unserem Verhalten, mit dem Ergebnis unseres Engagements unzufrieden sind. Es kann sein, dass uns die Freude oder der Antrieb für die Arbeit oder für die Beziehung zu einem Menschen fehlt. Oder wir haben das Gefühl, dass das Bisherige zu eng geworden ist, es fordert uns nicht mehr heraus. Es passt nicht mehr zu uns, es ist langweilig oder uninteressant geworden. Wir sehnen uns nach Veränderung oder wissen, dass wir etwas tun müssen, um unserem Leben eine andere Richtung zu geben. Eine Schlange muss sich häuten, um weiterleben zu können. Sie muss die alte, zu eng gewordene Haut abstreifen, um zu wachsen. Solche »Häutungen« brauchen wir manches Mal auch in unserem Leben: z. B. eine neue Arbeitsstelle oder eine neue Aufgabe, ein ehrenamtliches Engagement, die Entdeckung eines neuen Hobbys, das Kennenlernen neuer Menschen, eine Veränderung im Kommunikationsstil in der Ehe oder anderen Menschen gegenüber.

Es ist so, als ob wir an der Schwelle einer Tür stehen, zwischen zwei Räumen, aber wir haben Angst, den alten Raum zu verlassen und den neuen zu betreten. Doch irgendwann müssen wir den ersten Schritt in die neue Richtung machen. Dabei schwingt Angst mit: vor dem Loslassen des Bisherigen und dem Zugehen auf das Neue. Deswegen können solche Prozesse sowohl interessant und spannend als auch schmerzlich und schwer sein. Sie sind nie nur von positiven Gefühlen begleitet, immer gehört auch Abschied, Loslassen und Trauer dazu. Sie tragen darum auch die Möglichkeit in sich, dass sie sich zu Krisen und Zerbrüchen entwickeln können.

Je nachdem, wie wir diese Schwellensituation bewerten und beurteilen, sind wir mit daran beteiligt, ob wir nur den Abschied, den Zerbruch sehen oder ob wir auch die Chancen zu Aufbrüchen darin entdecken können. Dabei spielt es eine Rolle, welche »Grundangst« in unserem Leben vorherrschend ist.

Es gibt Menschen, die von ihrem Grundtypus her Veränderungen lieben und suchen. Fritz Riemann[1] beschreibt in seinem Buch »Grundformen der Angst« solche Menschen als »hysterisch«; dies ist nicht im negativen Sinn gemeint, weniger wertend wäre der Begriff des »Wechseltyps«. Menschen dieses Persönlichkeitstypus lieben die Veränderung, sie haben Angst vor Starrheit, Festgefügtheit, Endgültigem. Sie brauchen das Spontane, Unterhaltsame, Improvisierte, streben nach Freiheit, bejahen alles Neue, sind risikofreudig. Die Zukunft mit allen ihren Möglichkeiten sehen sie als eine große Chance.

Das Gegenstück oder der Gegentypus wäre nach Riemann[2] der »zwanghafte« oder, neutraler gesagt, der »Dauer-Typ«. Wer diesem Typus zuzurechnen ist, zielt mit seinem Verhalten auf Beständigkeit. Solche Menschen mögen Veränderungen eben gerade nicht. Ordnung vermittelt ihnen Sicherheit. Sie sind zuverlässig, berechenbar, pflichtbewusst und vorsichtig. Veränderung, Wandlung und Risiko machen ihnen Angst. Sie fürchten sich vor dem Chaos und der Unsicherheit, die sich durch Veränderung und Umbrüche anbahnt. Sie fühlen sich am wohlsten, wenn alles beim Alten bleibt. Neuen Erfahrungen wollen sie lieber ausweichen, sie haben Angst, sich auf neue Situationen einzulassen.

Beim Nachdenken darüber, wie wir auf Lebensveränderungen reagieren und uns auf Umbruchssituationen einstellen, kann es eine Hilfe sein, sich darüber klar zu werden, welchem der beiden Typen wir eher zuzuordnen sind.

Wenn der Wind des Wechsels weht,
bauen die einen Mauern
und die anderen Windmühlen.
Sprichwort aus China

In der nun folgenden Beschreibung von Umbruchssituationen beginne ich mit solchen, auf die wir uns einstellen und die wir zum Teil noch planen können, und ende bei denen, die uns unvermittelt, plötzlich und unvorhersehbar treffen.

Loslassen der Kinder

Wer Kinder hat, steht von Anfang an in der Herausforderung, sie wieder loszulassen. Dieser Prozess beginnt bei der Geburt mit dem Durchtrennen der Nabelschnur und wird immer neu durchlebt: beim Abstillen, beim ersten Ausgehen ohne das Kind, beim ersten Übernachten des Kindes ohne Eltern, beim ersten Kindergartentag, beim ersten Schultag, beim ersten Urlaub ohne Eltern, beim ersten festen Freund oder der Freundin, beim Schulabschluss und schließlich beim Auszug der Kinder aus dem Haus.

Das Fortgehen der Kinder ist immer ein gewaltiger und auch schmerzlicher Einschnitt für beide Seiten. Wir verabschieden uns von der Kindheit der Kinder. Das Zimmer der Kinder wird ganz oder teilweise leer geräumt, die Zeiten der Begegnung mit ihnen werden seltener, die Möglichkeiten des Austausches und Gespräches nehmen ab. Die Geräusche im Haus oder in der Wohnung verändern sich, die Anteilnahme am Lebensgefühl, an der Sprach- und Erfahrungswelt der jüngeren Generation wird schwieriger.

Manche Mütter berichten, wie sie nach deren Auszug zuerst in das leere Zimmer des Kindes gingen und dort weinten. Dazu tauchten Zweifel und Fragen auf: »*Haben wir es richtig gemacht mit unseren Kindern? Konnten wir ihnen im Verhalten und in den Werten des Lebens Entscheidendes mitgeben?*« Auch Misslungenes drängt sich in unsere Erinnerung, Fehler oder Situationen des Streits. Ein Gefühl von Versagen kann sich einschleichen. Die Zeit der Erziehung ist vorbei. Das Weggehen der Kinder trägt den Charakter der Endgültigkeit. Dieser Gedanke kann sehr bedrängend sein.

Dadurch entstehen für die Eltern, in besonderer Weise für die Mütter, zunächst Hohlräume und Leerläufe. Vor allem, wenn das letzte oder einzige Kind geht, verändert sich Grundlegendes im Alltag.

Der Tagesablauf wird nicht mehr durch Kinder mitbestimmt. Die mit ihnen verbundenen Aufgaben fallen weg. Die Waschmaschine wird nicht mehr voll, es muss weniger eingekauft, geputzt, gekocht, aufgeräumt werden. Für manche Mütter ist dies sehr schwer, denn ihr Alltag war wesentlich von der Vielfalt, die die Kinder gebracht haben, mitbestimmt. Sinn und Inhalt des eigenen Lebens waren, stark davon geprägt und gefüllt.

Nach einem solchen Abschied beginnt zunächst eine »Brachzeit«: Aufgaben und Inhalte, Gespräche und Gewohnheiten liegen brach. Brachzeiten in der Natur sind immer auch Vorbereitungszeiten für eine neue Fruchtfolge und später eine neue Ernte. Zunächst aber ruht der Acker, und es tut sich darin vermeintlich nichts. Dieses Aushalten von »Nichts« ist schwer, aber darin wird bereits das Neue vorbereitet: neue Chancen, neue Aufgaben. Die entstehenden zeitlichen Freiräume können nach und nach entdeckt und gestaltet werden, und neue Herausforderungen können sich auftun.

Wenn Mütter nicht loslassen wollen, sondern am bisher Vertrauten festhalten, wird genau dieser Prozess verhindert und alte Muster verfestigen sich. Es kann sein, dass Mütter die Kinder in falscher Weise an sich binden. Vielleicht vermitteln sie unbewusst und unausgesprochen: »*Wenn du gehst, bin ich einsam.*« Oder: »*Weil du nicht oft genug anrufst, geht es mir schlecht.*« Oder: »*Was mache ich denn ohne dich?*« Oder:

»Ich mache mir solche Sorgen, wenn du nicht regelmäßig anrufst.« So werden den Kindern emotionale Ketten angelegt, obwohl sie eigentlich Flügel bräuchten. Statt Kinder in ein eigenständiges und unabhängiges Leben freizulassen, werden sie gebunden und die alten Erfahrungen werden ständig wiederbelebt. Genau dadurch aber werden neue Chancen des Umgangs und spannende Aufbrüche verhindert.

Nur wer Kinder freilässt, gewinnt sie auf neue und andere Weise zurück. Eine Hilfe zum Freilassen kann das dankbare Zurückblicken auf die gemeinsame Zeit mit den Kindern sein. Es gibt ja im Rückblick nicht nur belastende Erinnerungen, sondern auch viele schöne gemeinsame Erlebnisse, ein voneinander Lernen und sich gegenseitiges Bereichern, Freude aneinander, Dankbarkeit füreinander. Über allen gemachten Fehlern kann die Zusage der Vergebung Gottes, der Barmherzigkeit und Gnade stehen. Das Wissen, dass Gott auch aus unseren Fehlern Gutes oder noch Besseres machen kann, darf uns entlasten und uns Hoffnung für die Zukunft der Kinder schenken. So können wir Mut dazu bekommen, Kinder wirklich loszulassen und freizugeben, damit sie und wir zu neuen Wegen aufbrechen können.

Für ein Kind ist der Auszug aus dem Elternhaus der Abschied von einer wichtigen prägenden

Phase seines Lebens. Viele bedeutende Erfahrungen im Elternhaus haben Spuren hinterlassen und es zur Persönlichkeit werden lassen. Durch den Auszug bricht viel Gewohntes und Vertrautes weg: Gefühle der Geborgenheit und Sicherheit, manches an Bequemlichkeiten und Vorzügen. Das alles kann das Abschiednehmen schwer machen. Es kann Angst machen, einen sicheren Hort zu verlassen.

Andererseits spüren Kinder oft sehr genau, wann sie »reif« genug sind, um das Nest zu verlassen, eigene Wege der Ausbildung und Welterfahrung zu gehen und selbst Verantwortung für den Tagesablauf, die Finanzen, die Wäsche, den Einkauf, das Kochen zu übernehmen.

Je nachdem, wie stark die Eltern das Kind an sich binden, können Schuldgefühle und schlechtes Gewissen das Weggehen erschweren. Die Botschaften der Eltern – ähnlich den oben formulierten – können ständig präsent und möglicherweise auch belastend sein.

Kinder, die das Elternhaus verlassen, müssen den Mut haben, Eltern einen Schnitt, eine Trennung zuzumuten. Gerade dadurch eröffnen sich ja auch den Eltern neue Horizonte.

Das biblische Gebot, die Eltern zu verlassen (1. Mose 2,24) ist eine wichtige Voraussetzung für das Gelingen einer Ehe und für das Erwachsenwerden. Auch Jesus hat deutlich und klar seine Eltern verlassen. In Johannes 2 können wir in der Geschichte der Hochzeit zu Kana lesen, wie er seine Mutter in ihre Schranken weist, als diese sich in sein Leben und in seinen Auftrag einmischen will. Maria hat nicht beleidigt oder schmollend reagiert, sondern die Zurechtweisung angenommen, sich zurückgenommen und damit Platz gemacht für das Wirken ihres Sohnes. Diese Geschichte kann eine Hilfestellung für Eltern und Kinder sein. Kinder dürfen klare Grenzen ziehen und Eltern sollen sich mit ihren Botschaften und Aufforderungen an die Kinder zurücknehmen. So entstehen für beide Seiten Freiheiten und neue Möglichkeiten der Beziehungsgestaltung.

Umzug

Es gibt Menschen, die nie in ihrem Leben aus dem Ort ihrer Geburt ausziehen. Andere müssen aus beruflichen oder persönlichen Gründen ständige Ortswechsel in Kauf nehmen.

Ein Umzug kann ein gravierender Einschnitt in der Lebensgeschichte sein: Jahrelang haben wir an einem Ort gewohnt, haben Beziehungen geknüpft, Menschen ins Herz geschlossen, viele Gespräche geführt, manches Fest miteinander gefeiert, Erfahrungen miteinander gemacht, gemeinsam Schönes und Schweres erlebt. Dadurch entsteht eine emotionale Bindung an einen Ort. Gerade auch dann, wenn wir Schweres durchgestanden haben, wenn wir Leid und Tod erlebt, schwierige Herausforderungen oder Gefahren überstanden, miteinander an Gräbern getrauert haben, ist die emotionale Bindung, das Gefühl von Heimat und Vertrautsein, besonders stark.

Ein anstehender Umzug kann einen intensiven Trauerprozess auslösen. Wenn wir es lange genug vorher wissen, kann es sein, dass wir einen Jahresablauf ganz bewusst mit den Gedanken erleben, jedes Mal »das letzte Mal« dabei zu sein.

Das letzte Mal Ostern, Pfingsten, Weihnachten an diesem Ort oder: »*Zum letzten Mal feiere ich Geburtstag in dieser Wohnung, mit diesen Menschen. Das letzte Mal bin ich bei dieser Veranstaltung dabei ...*«

In den verbleibenden Tagen gehe ich zum letzten Mal in meinem gewohnten Geschäft einkaufen, zu meinem Arzt, auf den vertrauten Spazierweg, zu Freunden oder Nachbarn auf Besuch.

Meistens sind dabei auch schmerzliche oder wehmütige Gedanken des Loslassens und des Abschieds gegenwärtig.

Durch einen Umzug können Freundschaften intensiviert werden, durch räumliche Distanz mehr Tiefe gewinnen. Genauso kann es aber geschehen, dass wichtige Kontakte verloren gehen oder verflachen. In einem solchen Fall kann dies einen schmerzhaften Trauerprozess oder eine Sinnkrise nach sich ziehen.

Besonders hart ist ein Ortswechsel, wenn er durch finanzielle Nöte oder Arbeitslosigkeit, durch Naturkatastrophen, durch Kriegswirren oder sogar Vertreibung erzwungen wird.

Der Beginn an einem neuen Ort kann zunächst sehr schwierig sein. Anfangs fühlen wir uns wie ein Blatt im Wind. Es gibt keine Ankerpunkte für die Seele, keine vertrauten Orte, keine bekannten Gesichter. Ich werde nicht gekannt und nicht gegrüßt, und umgekehrt: Ich kenne die Menschen weder auf der Straße noch in der Nachbarschaft. Alles ist neu. Alles muss neu »erarbeitet« werden: »*Wo gehe ich einkaufen, zum Arzt? Wo kann ich meine Hobbys pflegen? Wo lerne ich Menschen kennen, denen ich vertrauen kann?*«

Es kostet viel Kraft, sich am neuen Ort zurechtzufinden, aus dem Unvertrauten Vertrautes werden zu lassen, eine Umgebung zur Heimat werden zu lassen, seinen Platz zu finden, sich in den Beziehungen wohlzufühlen und in neuen Aufgaben wieder Sicherheit zu gewinnen. Oft sind solche Prozesse von Einsamkeit und Heimweh begleitet, von dem Gefühl, Außenseiter zu sein und nirgendwo wirklich dazuzugehören. Dabei ist der Schmerz des gerade vergangenen Abschieds immer noch genauso präsent und macht den Neuanfang schwer. Ja, der Schmerz kann sogar ein Hindernis sein, neu Heimat zu finden: *»Wenn ich mich jetzt wieder so intensiv auf Menschen einlasse, dann wird der nächste Abschied noch schwerer. Darum bin ich jetzt lieber vorsichtiger oder zurückhaltender mit Kontakten, dann wird auch der nächste Abschiedsschmerz nicht mehr so schlimm sein.«* Aber dieser Gedanke ist gefährlich, denn Heimat finde ich erst, wenn ich mich selbst investiere und einbringe. Nur in dem Maß, wie ich für neue Beziehungen und Kontakte bereit bin, werde ich mich an einem neuen Ort eingewöhnen können. Heimat ist da, wo wir verstehen und verstanden werden. *»Das Erlebnis der Vertrautheit ist der Anfang des Heimatgefühls«* (Max König). Heimat finden hängt zusammen mit vertrauen können. Darum ist es wichtig, auch selbst nach Orten der Vertrautheit und der Begegnungsmöglichkeit zu suchen, sich einzubringen, zu öffnen und die Initiative zu ergreifen.

Nicht Heimat suchen,
sondern Heimat werden sollen wir.
Ina Seidel

Gerade die Begegnungsmöglichkeit mit anderen Christen an einem fremden Ort, Gottesdienstgemeinschaft und Gemeinschaftserlebnis, ist für manche schon zur Hilfe geworden, um wieder Heimat finden zu können.

Lukas schreibt als Begleiter des Paulus in Apostelgeschichte 28,14: »Wir fanden dort (in einer fremden Hafenstadt) Brüder«, also Geschwister im Herrn. Dies war unerwartet und überraschend für ihn.

Solche unerwarteten Begegnungen kann es an neuen Orten geben: Es kann geschehen, dass uns Menschen zu Freunden werden, von denen wir es im ersten Moment nie vermutet hätten, und dass wir durch Menschen in ihrer Andersartigkeit reich gesegnet werden.

Es kann sein, dass wir ganz andere Möglichkeiten des Engagements entwickeln können und bisher brachliegende Gaben und Fähigkeiten entdecken und entfalten können.

Für mich persönlich war der folgende Gedanke immer sehr hilfreich: Wo immer wir hingehen, wir gehen nicht ohne Christus.

Er ist schon vorausgegangen, er kennt den Weg und den neuen Ort mit all dem, was uns dort entgegenkommen wird.

Denk dran, wo immer du dich niederlässt:

Er ist schon da!
Der dich getragen, geprägt,
geführt und befreit hat.

Er ist schon dort,
der dich in Ungeahntes,
Neues führt.

Er ist schon dort.
Geh mit ihm,
erfahr ihn, wie du es nie geglaubt.

Er ist schon dort.
Geh – du bist nicht verlassen.
Der Herr zieht mit.

Bernhard von Clairvaux

Arbeitslosigkeit oder Ruhestand

Arbeitslosigkeit kann uns von heute auf morgen treffen. Arbeit ist ja nicht nur Stress, sondern auch eine Aufgabe, die einen erfüllt, die dem Tag Sinn und Struktur gibt und die ein Gefühl von Wertigkeit und Bedeutung vermittelt. Nicht nur ältere Menschen müssen sich mit dem Verlust der Arbeit auseinandersetzen. Jeder Betroffene erlebt dabei ein Gefühl der »Abwertung«.

Viele fallen dadurch in ein tiefes emotionales Loch, fühlen sich nicht erwünscht in der Gesellschaft. Manche schämen sich, andere werden depressiv, haben nichts mehr, worauf sie sich freuen können und bleiben deswegen schlimmstenfalls gleich morgens im Bett liegen. Dadurch kann sich ein Kreislauf von Depression, Bitterkeit, sozialem Abstieg bis hin zu Persönlichkeitsverlust entwickeln. Führt ein solcher Prozess zum Wechsel in eine neue Arbeitsstelle, ist das oft verbunden mit einem Umzug, neuen Aufgaben, Überforderungen oder Unterforderungen und neuen Beziehungen.

Gefühle der Abwertung und Sinnlosigkeit können auch Menschen erleben, wenn sie in den Ruhestand kommen. Solange man noch im Arbeitsprozess steht, ist der Ruhestand ein Fixpunkt, auf den man sich freut - mit dem Gefühl, einen »dauernden Urlaub« vor sich zu haben. Kommt dann der Tag, an dem man nicht mehr zur Arbeit geht, kann sich auch sehr schnell die Frage nach dem Sinn des Daseins und der eigenen Tätigkeit einstellen: »*Wozu bin ich jetzt noch gut genug?*« Oder: »*Was bin ich wert ohne Arbeit?*« Im Ruhestand geht eine wichtige Stütze, ein wichtiger Pfeiler im Leben verloren, der Sicherheit, Identität und auch Wert gegeben hat. Der »Dauerurlaub« muss strukturiert und geplant werden, sonst kann die viele Zeit auch plötzlich inhaltsleer und sinnlos werden. Wer vorher nur für die Arbeit gelebt hat und wenig soziale Kontakte oder Hobbys pflegen konnte, hat größere Schwierigkeiten, seinem Tag neue Inhalte zu geben.

Manche haben das Gefühl sich dafür rechtfertigen zu müssen, dass sie jetzt »Rentner« sind. Sie schämen sich dafür, dass sie nicht mehr arbeiten können oder dürfen.

Für viele Ehefrauen ist es ein Problem, wenn der Ehepartner den ganzen Tag zu Hause ist und sich überall einmischt und bei Dingen mitreden will, die vorher allein im Zuständigkeitsbereich der Frau lagen.

»Jetzt will der dauernd spülen - oder einkaufen, aber bisher konnte ich das doch auch allein.« Eine Frau, deren Mann gerade frisch in den Ruhestand eingetreten war, erzählt: *»Morgens fragt mein Mann mich: ›Und - was unternehmen wir heute?‹ Doch meine Alltagsaufgaben haben sich doch eigentlich kaum geändert. Ich fühle mich nicht wie im Urlaub.«* Andere Frauen fühlen sich kontrolliert oder von ihrem allseits gegenwärtigen Mann beobachtet. Oder sie müssen über alle außerhäuslichen Aktivitäten Rechenschaft ablegen.

Umgekehrt kann die Frau den Ehemann als »Eindringling« in ihr Reich empfinden, der den gewohnten »Haushaltsrhythmus« durcheinanderwirbelt, und gesteht ihm deswegen keine Aufgaben oder auch keinen Raum im Haus zu. Ihm, der sich ohnehin vielleicht schon nutzlos fühlt, wird vermittelt, dass er »überflüssig« ist.

In Japan wurde der Begriff »Retired-Husband-Syndrom« geboren, definiert als eine Stresserkrankung, an deren Symptomen laut Schätzungen 60 Prozent aller japanischen Ehefrauen mit Männern im Ruhestand leiden. In Japan häufen sich die Scheidungen unter pensionierten Ehepaaren. Fast immer sind es dabei die Frauen, die eine Trennung beantragen, um einen Lebensabend ohne die Bürde eines gelangweilten und unbeholfenen Ehegatten genießen zu können.

Loriot hat den Umgang mit diesem Phänomen in seinem Film »Pappa ante portas« (Vater vor den Toren) treffend porträtiert: Ein Mann, noch rüstig und aktiv, kommt vorzeitig in den Ruhestand und meint nun, sich zu Hause in alles einmischen und den eigentlich nicht schlecht organisierten Haushalt seiner Frau nun endlich auf Vordermann bringen zu müssen. Dabei richtet er ein heilloses Chaos an, und die Frau ergreift die Flucht nach vorn, indem sie sich eine Arbeitsstelle sucht.

Dieses Gefühl, sich selbst beschäftigen zu müssen, um dem Leben Sinn zu geben, kann sehr bedrängend werden. *Niemand sagt mir von au-*

ßen, was ich tun soll, also muss ich das selbst tun. Bisher war mein Leben immer über die Leistung definiert, also muss das auch weiterhin so sein.

Es gehört zu den wichtigen Entdeckungen des Ruhestands, sich nicht nur über Arbeit und Erfolg zu definieren, sondern mehr und mehr das »Seindürfen« zuzulassen, eine neue Wertigkeit des Lebens zu entdecken, die nichts mit Erfolg und Anerkennung zu tun hat, sondern allein mit Gnade und Barmherzigkeit.

Der Ruhestand stellt beide Partner vor eine wichtige Aufgabe:

Das Miteinander muss ganz neu organisiert werden – mit gemeinsamen Freizeitbeschäftigungen, neuen Ritualen, neuen Zielen. Die Umstellung des gemeinsamen Alltags kann manche Hürden mit sich bringen und ist für beide eine große Herausforderung. So muss sich die Ehefrau vielleicht bereit erklären, einen Bereich der Haushaltsarbeit an den Mann abzugeben, ohne das Ergebnis dauernd zu kritisieren. Vielleicht entdeckt sie dadurch ganz neue Freiheiten für sich, und der Mann entfaltet neues Können. Dadurch kann auch Zeit für gemeinsame Unternehmungen frei werden.

Genauso wichtig ist aber, dass sich beide gegenseitig Zeit zuzugestehen, die alleine gestaltet und verbracht werden kann: Zeit für Hobbys oder Freundschaften, Zeit für ehrenamtliches Engagement oder zur Weiterbildung. So müssen beide einen Weg finden zwischen neuen Ritualen, die Kontinuität vermitteln, und neuer Flexibilität in der Alltagsgestaltung. Eine spannende Herausforderung, die zu ganz neuen Aufbrüchen führen kann.

Manche können endlich bisher wenig entfaltete Fähigkeiten entwickeln und ihrem Leben nochmals ganz neue Inhalte geben. Andere bringen sich mit ihrer Lebenserfahrung und Kompetenz im öffentlichen Leben ein. Manches Ehepaar hat im Ruhestand nochmals eine ganz neue gemeinsame Aufgabe angenommen - mit mehr innerer Freiheit und dem gleichzeitigen Rückblick auf viel Lebenserfahrung. Solche Paare, die sich auch im Alter noch auf neue Wege einlassen, sind eine große Bereicherung für unsere Gesellschaft, unsere Gemeinden, unsere Nachbarschaften.

Wechseljahre und Älterwerden

Von den Wechseljahren sind Frauen massiver betroffen als Männer. Aber Männer leiden dabei oft indirekt unter der Unausgeglichenheit und den Gefühlsschwankungen ihrer Frau. In unserer von Jugendlichkeitswahn bestimmten Gesellschaft sehnen Frauen sich nicht gerade nach diesem Lebensabschnitt. Obwohl sich wohl fast alle darauf freuen, keine Periode mehr zu bekommen, auf einige unangenehme Begleiterscheinungen der Wechseljahre würde jede Frau sicher gerne verzichten. Der fehlende Rhythmus kann ein Gefühl von fehlenden wichtigen Rahmenbedingungen entstehen lassen, ein Gefühl von Haltlosigkeit und Unsicherheit.

Klimakterium bedeutet wörtlich übersetzt »Stufenleiter, kritischer Zeitpunkt im Leben«. Viele Frauen erleben diesen Abschnitt durchaus krisenhaft, begleitet von den bekannten körperlichen Problemen wie Hitzewallungen, Schweißausbrüchen, Schwindelgefühlen, Kraftlosigkeit, Vergesslichkeit und im psychischen Bereich depressive Verstimmungen, Gefühlsausbrüche, Reizbarkeit und Verletzlichkeit. Manche Alltagsabläufe kosten deutlich mehr Kraft und Zeit als vorher. In unserer Gesellschaft wird Jugendlichkeit und jugendliche Ausstrahlung höher bewertet als Altersweisheit und Lebenserfahrung. Graue Haare, Falten und etwas mehr Fett am Körper sind für viele Frauen deswegen schon eine Katastrophe, die sie in eine Identitätskrise stürzen kann. So erleben viele Frauen das Nachlassen der körperlichen und psychischen Kräfte als etwas Bedrohliches und Angstmachendes.

Dabei ist diese Zeit auch begleitet von Trauer und Abschied. Die Erkenntnis, nicht mehr zu den jungen Menschen zu gehören, kann auch bedrohlich sein. Wie im Herbst in der Natur die Blätter fallen, müssen wir uns von manchem ganz bewusst verabschieden: von der jugendlichen Dynamik, von der Sehkraft, von der Muskelspannung, der emotionalen Belastbarkeit. Wer das Alte krampfhaft festhält, wer den »Sommer« unbedingt verlängern will, kann die Freude des Herbstes nicht sehen und ergreifen.

Doch der Herbst des Lebens ist auch Erntezeit, eine Zeit, in der bisherige Erfahrungen des Lebens zum Tragen kommen; eine Zeit, in der wir dankbar zurückschauen, das Leben besser überblicken und gelassener werden können. Viele wissen aus Erfahrung, dass sich Probleme lösen lassen, dass Leid wieder aufhört, dass Chaos und Konflikte nie das Letzte sind. So kann in allen Prozessen von Trauer und Loslassen auch eine Umorientierung geschehen, an manchen Stellen auch ein Neubeginn und die Entdeckung der Schönheit des Alters. Reife und Weisheit in der Rückschau auf manche schwierige Lebenssituation können eine wohltuende

Neudefinitionen des eigenen Wertes und des neuen Lebensabschnitts mit sich bringen.

Auch wenn wir uns äußerlich und innerlich verändern, so bleibt Gott doch derselbe. Er steht zu uns auch in unseren Umbrüchen und Veränderungen, seine Verheißungen gelten uns gleichermaßen, ob wir jung oder älter oder alt sind.

Auch bis in euer Alter bin ich derselbe und ich will euch tragen, bis ihr grau werdet. Ich habe es getan; ich will heben und tragen und erretten.
Jesaja 46,4

Ehekrisen

Ehekrisen gehen fast immer mit Veränderung äußerer Umstände einher. Dies ist auch statistisch nachweisbar. Einige solcher signifikanten Ereignisse sollen im Folgenden geschildert werden:

Schwangerschaft

Wenn ein Kind erwünscht ist, bringt eine Schwangerschaft keine Krise, aber natürlich einen einschneidenden Veränderungsprozess mit sich. Die Frau ist unausgeglichener, müde, gestresst, ihre Kraft richtet sich mehr nach innen, auf das neue, in ihr heranwachsende Leben. Der

Ehemann ist ratlos und weiß nicht so recht, wie er mit dieser launischen oder ständig erschöpften Frau umgehen soll, der in den ersten Monaten zudem dauernd schlecht ist. Die Vorfreude auf das neue Menschenleben kann eine Beziehung auf wunderbare Weise bereichern: gemeinsam das Kind spüren oder ihm vorsingen, für das Kind beten und es segnen, Träume, Hoffnungen und Wünsche thematisieren und sich die Zukunft miteinander ausmalen.

Eine Schwangerschaft kann aber auch sehr »unpassend« kommen, bringt vielleicht Urlaubspläne, berufliche Perspektiven, finanzielle Möglichkeiten durcheinander. Wenn einer oder beide nicht zu einem Ja finden, kann dies zu einer ernsten Krise führen. Wenn sich das Paar zu einer Abtreibung entscheidet, ist damit das Ende der Beziehung meistens vorprogrammiert. Denn eine Entscheidung gegen ein Kind ist eine Entscheidung gegen eine gemeinsame Zukunft.

Fehlgeburt

Eine Fehlgeburt kann eine Partnerschaft emotional schwer durcheinanderbringen. Ein Stück gemeinsame Zukunft geht verloren. Die Frau fühlt sich vielleicht unfähig, ein Kind in sich zu bergen, oder hat Schuldgefühle gegenüber dem Mann. Dazu kommen körperliche Schmerzen, auch das »Weinen des Körpers«, der dem Kind hinterherblutet, ganz zu schweigen von der Verlusterfahrung, dieses Kind nie lebend in Händen halten zu können. Die Vorfreude ist abgebrochen, die schon gewachsene Beziehung zu dem Kind findet keine Antwort mehr in einem Gegenüber. Auch der Mann trauert, macht vielleicht der Frau heimliche oder offene Vorwürfe, dass sie es nicht »zustande« gebracht hat, das Kind auszutragen. Für solche Verlusterfahrungen sind Orte und Rituale der Trauer ganz wichtig. Erinnerungspunkte, die der Trauer einen Platz geben. Auf diese Weise kann man sich von einem Kind bewusst verabschieden. Manche Gemeinden haben Gedenkstätten für Totgeborene oder ungeborene Kinder eingerichtet, um der Trauer einen Raum, ähnlich einem Grab, zu geben.

Die Geburt des ersten Kindes

Mit der Geburt eines Kindes ändert sich Grundlegendes: Vorher waren wir ein Paar, konnten unsere Zeit frei und spontan einteilen. Dies ist mit der Ankunft des neuen Erdenbürgers nicht mehr möglich. Die Zeitabläufe werden vom Kind diktiert, die Nachtruhe ist gestört. In der Paarbeziehung sind wir nicht mehr nur Partner, sondern eben auch Vater und Mutter. Wie der andere mit dem Kind umgeht, freut oder verunsichert uns. Wir sind einverstanden oder es gefällt uns nicht. In der Regel bilden Mutter und Kind eine symbiotische Beziehung, vor allem wenn das Kind gestillt wird. Mancher Vater fühlt sich »außen vor«, nicht dazugehörig und vielleicht auch nicht mehr so wertgeschätzt wie bisher. Alle Gratulanten fragen, wie es Mutter und Kind geht; der Vater steht daneben. Der Bedarf nach Zärtlichkeit bei der Mutter ist durch das Kind gedeckt, der Vater ist in der Gefahr emotional »auszuhungern«. Immer wieder geschieht es, dass um die Geburt eines Kindes herum der Vater seiner Frau untreu wird und in die Arme einer anderen Frau flieht.

Ehepaare brauchen regelmäßig Zeit zu zweit, vielleicht einmal im Jahr ein Wochenende ganz ohne Kind(er), um das Gespräch zu pflegen, sich immer wieder auch über Themen auszutauschen, die nicht nur Kind(er) und Erziehungsfragen berühren, um sich zu erzählen, was sie freut, wo Hoffnungen und Ängste, Befürchtungen und Zweifel sind. Solche Gesprächsräume sind ein tragendes Fundament, das sich gerade dann bewährt, wenn Kinder aus dem Haus gehen und Eltern wieder zu zweit allein sind. Dann zeigt sich, was in der Ehekommunikation in den Jahren gewachsen ist, ob Themen miteinander entwickelt wurden, die auch unabhängig von den Kindern wichtig geworden sind und Gemeinsamkeiten schaffen.

Hochzeit der Kinder

Durch die Heirat eines Kindes kommen wir in engen Kontakt mit anderen Familien, die möglicherweise ganz andere Werte, Abläufe und Rituale hochhalten als wir. Das kann uns bereichern und herausfordern, aber auch persönlich infrage stellen oder verunsichern. Es kann schwierig sein für Eltern, Kinder bewusst in eine Ehe hinein freizugeben und sich nicht in deren Leben einzumischen. Viele Eheprobleme rühren daher, dass Eltern auch in der Ehe ihrer Kinder immer noch Erzieher sein wollen, dass sie ihnen sagen wollen, wo es langgeht und wie sie es richtigmachen sollen.

Ganz bewusst spricht die Bibel vom Verlassen der Eltern als wichtige Voraussetzung für das Gelingen einer Ehe. Deswegen müssen sich Eltern auch bewusst von der Verantwortung für ihre Kinder lösen.

Dies ist nicht immer einfach, vor allem wenn wir sehen, dass manche Dinge in der Ehe der Kinder nicht gut gelingen oder sich schwierig gestalten. Trotzdem haben wir als Eltern nicht das Recht, ungefragt Ratschläge zu geben.

Geburt von Enkelkindern

Wenn Enkelkinder geboren werden, rücken wir in die nächste Generation auf. Dies bringt neue Verantwortung, neue Belastungen und Sorgen, aber auch neue Horizonte und neue Freuden mit sich.

Als Ehepaar sind wir nicht nur Eltern unserer Kinder, sondern von da an mit einem Opa/einer Oma verheiratet. Dies gibt einen neuen Blick aufeinander. Je nachdem, ob wir die eigenen Großeltern als wichtig oder unwichtig, als bereichernd oder als belastend für unser Leben erlebt haben, gehen wir mit dieser neuen Identität unterschiedlich um.

Manche wehren sich gegen das Großelternsein und empfinden es als störenden Einschnitt ihrer freien Zeitgestaltung oder ihrer Identität, fühlen sich zu jung dafür. Manche sind auch nicht bereit, für Enkelkinder Zeit zu investieren. Andere stürzen sich mit solcher Liebe und Hingabe auf die Enkelkinder, dass dies vonseiten der Eltern und der Enkel als Einmischung oder Bevormundung erlebt wird. Jede Familie ist in ihren Bedürfnissen anders. Als Großeltern müssen wir zurückhaltend genug sein, um zu erspüren, wo wir gebraucht werden und wo wir eher eine Last sind.

Tod eines Kindes

Der Tod eines Kindes ist eine schwere Last für die Eltern und die Geschwister. Solch ein Ereignis kann ein Ehepaar oder eine Familie noch viel enger zusammenschweißen als je zuvor. Aber es kann auch eine schwere Krise für eine Beziehung werden. Wenn ein Kind stirbt, stirbt ein Stück Zukunft. Jeder trauert auf seine Weise, braucht seine speziellen Orte und Rituale des Rückzuges, die sich deutlich von denen des Ehepartners unterscheiden können. Das Gespräch erstirbt möglicherweise, weil Trauer nicht wirklich in Worte gefasst werden kann oder weil in jedem neuen Reden nur immer wieder der Schmerz durchbricht. Darum bedeutet der Tod eines Kindes auch eine Verunsicherung der Paarbeziehung. Wie schwierig es ist, mit dem Sterben oder dem Tod eines Kindes fertig zu werden, zeigt sich in der deutlich erhöhten Trennungsrate von Paaren nach solchen Erlebnissen[3].

Kinderlosigkeit

Leider sind viele Paare von Kinderlosigkeit betroffen. Irgendwann kommt solch ein Paar zu der Erkenntnis, dass es wohl nie Kinder wird haben können. Dies ist ein sehr schmerzlicher Trauerprozess und kann in eine Ehekrise führen. Beide Partner fragen sich möglicherweise: *»Bin ich schuld?«* Oder wenn klar ist, woran es liegt, fühlt sich der oder die dafür Verantwortliche schuldig, denn man »schuldet« dem Partner ein Kind und kann es ihm nicht »bieten«.

»Bin ich in den Augen des andern trotzdem noch wertvoll?« Oder: *»Sucht er/sie sich nun eine(n) andere(n), der/die diesen Wunsch erfül-*

len kann?« Oder: »*Wie gestalten wir unsere Zukunft ohne Kinder?«*

Meistens mündet ein solcher Trauerprozess in eine intensive Suche nach neuen Zielen und Aufgaben, die man miteinander als wichtig erkannt hat. Er kann aber auch zum Zerbruch der Beziehung führen.

Untreue eines Ehepartners

Die Untreue eines Ehepartners ist für den Betrogenen eine tiefe Verletzung der Würde und des Selbstwerts. Manche Frauen sind so verletzt, dass sie nicht mehr weiterleben wollen. Oft zieht die Untreue Verachtung und Hass nach sich. Der untreue Partner schämt sich vielleicht zutiefst über sein Versagen, fühlt sich tatsächlich verachtenswert. Untreue ist häufig ein Signal dafür, dass vorher in der Beziehung manches nicht gestimmt hat.

Fremdgehen ist oft ein Spiegel der Untreue des Partners in einem anderen Bereich. So kann es sein, dass dem Ehepartner nicht genügend Zeit, nicht genug Achtung, nicht der gebührende Stellenwert eingeräumt wurde, sondern anderen Dingen, Tätigkeiten, Aufgaben oder Menschen (z. B. auch den Eltern) mehr Gewicht beigemessen, mehr Ehre gegeben wurde.

Ehekrisen können gewaltige Umbrüche und Neudefinitionen mit sich bringen. Sie bergen große

Chancen in sich, denn sie machen wunde Punkte deutlich. Sie zeigen Schwachstellen in der Kommunikation auf und helfen so, auch neu zueinanderzufinden, manches neu miteinander zu gestalten oder neu zu bewerten, manches auch zu lassen oder grundsätzlich zu verändern.

Scheidung

Scheidung ist ein tiefer Bruch, eine Erfahrung des Scheiterns. Das Gefühl, nicht fähig zu sein, eine Ehe sinnvoll zu führen, kann sehr beschämend sein. Ein Stück der Vergangenheit bricht vom bisherigen Leben ab, dies bringt eine tiefe Identitätskrise mit sich. »*Bin ich es nicht wert, dass er oder sie geblieben wäre? Wer war ich bisher und wer bin ich ab jetzt?*« Oder: »*Wie gehe ich in der Erinnerung mit dem Teil meines Lebens um, der mit dem Ehepartner verbunden war?*« Möglicherweise legt man den bisherigen Namen ab, mit dem Erfahrungen und Erlebnisse, Bewertungen und Beziehungen verbunden waren. Schuldgefühle, Selbstabwertungen, Vorwürfe vonseiten der Eltern, Schwiegereltern oder Kinder führen zu Minderwertigkeitsgefühlen, Gefühlen der Haltlosigkeit und des Verlorenseins oder sogar zu Selbstmordgedanken.

Dem bisherigen Partner gegenüber reichen die

Gefühle von Verständnislosigkeit bis hin zu Hass und Rachegelüsten. Im Scheidungsprozess geschehen noch zusätzliche Verletzungen. Das Bild der »schmutzigen Wäsche« ist leider zutreffend.

Menschen, die solches erleben, brauchen Freunde, die mit ihnen gehen und zu ihnen stehen, auch wenn sie mit der Scheidung nicht einverstanden sind. Oft erleben Menschen in Scheidungsprozessen, dass sich engste Freunde von ihnen trennen. Doch die Abwertung oder Verurteilung hilft in einer solchen Situation nicht weiter. Natürlich ist es wichtig, im Vorfeld nach Kräften zu helfen, dass Ehen geheilt werden und Paare zu neuen Anfängen finden, doch wenn dies nicht mehr möglich ist, brauchen solche Menschen die Erfahrung von Barmherzigkeit und Gnade.

Krisen durch Kinder

Im Erziehungsprozess

Kinder sind eine Freude, eine große Bereicherung im Leben. Aber Eltern können auch große Probleme mit ihren heranwachsenden Kindern bekommen. Dies kann verschiedene Ursachen haben. Manchmal bricht die eigene Vergangenheit der erlebten Erziehung durch unsere Eltern auf und »stört« unseren Umgang mit den Kindern, sodass wir mit Kindern belastende Situationen aus der eigenen Kindheit wieder neu inszenieren: z. B. Situationen der Demütigung, des Missbrauchs, der Lieblosigkeit u. Ä. Es kann auch sein, dass wir den Umgang des Ehepartners mit den Kindern nicht gutheißen oder als störend oder gestört empfinden und dass dies in gegenseitige Schuldzuweisungen mündet.

Wenn wir ein sehr temperamentvolles oder ein überaktives Kind haben, das uns stark fordert oder auch überfordert, oder wenn ein behindertes oder krankes Kind geboren wird, kann dies sehr belastend sein. Die Be- und Verurteilungen von außen oder auch gut gemeinte Ratschläge sind meistens nicht hilfreich, sondern zusätzlich verletzend.

Auch die Pubertät der Kinder stellt uns vor große Herausforderungen. Manches Mal fühlen wir uns überfordert und hilflos. Pubertierende können in ihrem Verhalten sehr verletzend sein, ohne es zu wollen. Nach außen bewerten sie ihre Eltern sehr hoch und sprechen mit Achtung von ihnen, vertreten oft auch deren Meinung. Aber nach innen, im familiären Rahmen, haben wir als Eltern oft das Gefühl, alles nur falsch zu machen. Wir fühlen uns angeklagt oder verurteilt, sind von manchen Aussagen der Kinder oft auch tief gekränkt. Es kann eine Hilfe sein, sich bewusst zu machen, dass Kinder damit oft nur ihre innere Unausgeglichenheit und Unsicherheit signalisieren, dass der Hormoncocktail in ihrem Körper verrückt spielt und ihre Gefühle Achterbahn fahren. Wenn Kinder in dieser Sturm- und Drangzeit unsere »Vorschuss-Liebe« spüren, wenn sie erfahren, dass wir als Eltern zu ihnen halten, dass wir nach einem Streit den ersten Schritt auf sie zu machen, dann hält das ihre »Herzenstüren« offen und entspricht dem väterlichen oder mütterlichen Bild Gottes, wie es uns in der Bibel begegnet. Im Gleichnis vom »verlorenen Sohn« (Lukas 15) war es der Vater, der jeden Tag gewartet hat und bereit war, dem Sohn einen Neuanfang zu ermöglichen.

Krisen durch erwachsene Kinder

»Kleine Kinder kleine Sorgen, große Kinder große Sorgen.« Schon manche Eltern haben dies leidvoll erlebt und sind durch erwachsene Kinder in Lebenskrisen geraten.

Wenn erwachsene Kinder straffällig werden oder anderweitig auffällig sind, wenn sie z. B. in der Erziehung oder in der Haushaltsführung nicht zurechtkommen, wenn sie in finanzielle Schwierigkeiten geraten oder wenn sie sich scheiden lassen, fühlen sich Eltern immer auf der »Anklagebank«. Sie fühlen sich mitschuldig, dass ihre Kinder »so« geworden sind. Sie machen sich Vorwürfe, meinen, sie hätten sie falsch erzogen, stellen sich selbst zutiefst infrage. Sie schämen sich vielleicht oder werden von anderen als Rabeneltern oder Erziehungsversager angeklagt. Dies kann so weit führen, dass sie den Sinn ihres eigenen Daseins hinterfragen, ihren Wert infrage stellen.

Oft haben sie das Gefühl, nur noch vor Trümmern und Bruchstücken zu stehen und sehen in der Zukunft kein Licht, sondern haben Angst vor dem, was alles noch kommt oder kommen könnte. Schlaflosigkeit, Appetitlosigkeit und tiefe Verzweiflung können sich breitmachen, die Kraft zum Leben fehlt. Wenn die Vergangenheit unter dem Schatten des Versagens steht, wird die Zukunft genauso infrage gestellt und mit Ängsten besetzt. Hoffnungen an eine gelingende Zukunft der Kinder zerbrechen. Anstelle der Freude an den Kindern machen sich Sorgen oder Scham breit. Dies endet oft in übertriebenem Drehen um die eigenen Gedanken und Ängste. Solches »Zersorgen« kann die ganze Lebenskraft nehmen.

Als Eltern können und dürfen wir zu den Kindern oft nichts sagen, müssen schweigen und zusehen. Das verstärkt noch das Leiden. Denn am liebsten würden wir in uns solchen Situationen mit unserer elterlichen Weisheit einmischen und der Situation eine andere Richtung geben. Helfen und Eingreifen dürfen wir aber nur, wenn wir darum gebeten werden. Wenn wir uns selbst aufdrängen, kann dies die ganze Konfliktsituation nur noch verstärken und die Beziehung zu den Kindern zusätzlich belasten.

Es kann eine Hilfe sein, sich bewusst zu machen, dass Kinder selbst verantwortlich sind für die Gestaltung ihres Lebens. Als Eltern müssen wir loslassen.

Genau dazu kann auch bewusstes Trauern nötig und hilfreich sein: Trauer über verlorene Ideale, über eigenes Versagen oder Schuld, über Wege der Kinder, die die Eltern als falsch ansehen. Gerade in solchen Situationen besteht jedoch die Gefahr, dass wir in Selbstmitleid landen. Doch Selbstmitleid ist der Feind der Trauer. Selbstmitleid führt nur weiter in das Kreisen um uns selbst, echte Trauer mündet im Loslassenkönnen und Freiwerden vor Gott.

Petrus ermutigt uns, dass wir uns in solchen Situationen aktiv Christus zuwenden: *»Alle eure Sorge werft auf ihn, denn er sorgt für euch«* (1. Petrus 5,7). Dieses aktive Abwerfen der zerstörerischen Gedanken ist tatsächlich das Einzige, was uns in solchen Situationen noch helfen kann. Es ist ein bewusster Akt, eine Entscheidung, jedes Mal, wenn die Sorgen uns überfallen, den ganzen Ballast Gott vor die Füße zu werfen und so unseren Gedanken eine neue Richtung zu geben. Sich mit sorgenvollen Gedanken zu zermartern, macht uns nur selbst kaputt.

Auch die Fürbitte für die Kinder kann uns von unseren Sorgen entlasten. Gott ist mächtiger als alle unsere Gedankenspiele. Er weiß letztlich allein, wie ein Ausweg aussehen könnte und auch, wie Kinder diesen entdecken können. Darum: Wenn wir unsere Kinder Gott immer wieder anvertrauen und von ihm Großes erwarten, kann unser Herz frei werden, um getröstet zu werden und auch wieder Freude erleben zu können.

Mobbing und üble Nachrede

Völlig unvermittelt können wir im privaten oder beruflichen Bereich vor der Tatsache stehen, dass Unwahrheiten über uns, unsere Familie oder Freunde verbreitet werden. Meistens sind solche Menschen die Zielscheibe, die sich engagieren und einsetzen, die sich in der Öffentlichkeit zeigen und sich damit auch angreifbar machen. Engagement und Erfolg zieht auch häufig Neid nach sich. Wer neidisch ist, neigt schnell zum Mobbing[4]. Damit klug umzugehen ist nicht so einfach. Oft lassen wir uns zum Opfer machen, indem wir die üble Nachrede in uns noch durch

Selbstbezichtigung verstärken: *»Das habe ich jetzt davon.«* Oder: *»Vermutlich haben die ja irgendwie recht.«* Oder: *»Das nächste Mal halte ich mich aus allem raus.«* Häufige Reaktionen sind auch Wut, Rachegedanken und Schadenfreude, wenn den Mobbenden selbst etwas Negatives geschieht. Mit solchen Reaktionen schaden wir uns immer selbst am meisten.

Wir werden zum Opfer von Rachegedanken oder von Selbstabwertung. Wir werden abhängig von der Situation, wir kreisen darum, geben in unseren Gedanken der Verletzung und den Tätern viel zu viel Raum.

Aus psychologischer Sicht weiß man inzwischen längst, dass der souveräne Umgang mit solchen Situationen immer der bessere Weg ist als der Weg in die Negativ-Spirale der Gedanken und Gefühle. Darum gibt die Bibel, das beste Psychologiebuch der Welt, uns für solche Fälle einen hervorragenden Rat: *»Vergeltet nicht Böses mit Bösem oder Scheltwort mit Scheltwort, sondern segnet vielmehr, weil ihr dazu berufen seid, dass ihr den Segen ererbt«* (1. Petrus 3, 9), und an anderer Stelle: *»Liebt eure Feinde, tut wohl denen, die euch hassen, segnet, die euch verfluchen, bittet für die, die euch beleidigen«* (Lukas 6,27-28). Wer für andere, die ihm schaden wollen, beten und sie segnen kann, wird frei von Bitterkeit und Rachegedanken und nimmt den

»Feinden«, auch den feindlichen und zerstörerischen Gedanken, ihre Macht.

Traumatische Erfahrungen

Schwerer materieller Verlust

Freunde von uns haben einmal einen Hausbrand erlebt, bei dem ein großer Teil der persönlichen Sachen hinterher vernichtet war. Erinnerungen waren verloren. Andere hatten einen Wasserschaden im Winter, waren nicht richtig versichert und tragen heute noch an den Schulden.

Wieder andere verspielen ihr Geld, landen in der Schuldenfalle, müssen ihr Haus verkaufen. Durch solche Ereignisse ändert sich das Leben von heute auf morgen und kann in eine tiefe Lebenskrise führen.

Unfälle

Wenn wir selbst schuldhaft einen Unfall verursachen, durch den andere Menschen zu Schaden kommen, kann dies das Leben plötzlich tief belasten. Mit materiellen Schäden kann man leben, wo aber Menschen betroffen sind, können die Schuldgefühle ins Übermächtige wachsen, sodass man seines Lebens nicht mehr froh werden kann und unter ständigen Selbstvorwürfen und Selbstbezichtigungen leidet. Der Selbstwert ist dadurch schwer herabgesetzt. Solche Menschen fühlen sich mit einem tiefen Makel behaftet, so als trügen sie einen weithin leserlichen Stempel auf der Stirn mit der Aufschrift: *schuldig*. Sie fühlen sich nicht mehr würdig, weiterleben zu dürfen (siehe dazu auch S. 106ff).

Katastrophen

Ähnliches erleben Menschen, die bei Katastrophen oder Unfällen als Helfer dabei sind. Wer ohnmächtig zusehen muss, wie Menschen sterben oder verletzt werden, der braucht oft lange, bis er mit den inneren Bildern fertig wird und das ganze Geschehen ihn nicht mehr ständig in Gedanken und Gefühlen beherrscht.

Manche Helfer in Katastropheneinsätzen berichteten, dass sie durch die schrecklichen Bilder selbst zu Opfern wurden. Lokführer, die es erleben, wie sich vor ihrem Zug ein Selbstmörder auf die Gleise stürzt, sind traumatisiert durch das Leid und den Tod, den sie miterleben mussten, und leiden oft hinterher unter posttraumatischen Belastungsstörungen. Sie fühlen sich mitschuldig an dem Leid, das sie nicht verhindern konnten. Solche Erfahrungen können das ganze Leben verändern. Eine Umfrage unter Helfern bei der Flugkatastrophe in Ramstein ergab eine erschreckende Bilanz: »Von sechs Feuerwehrmännern eines Ramstein-Löschzuges nahmen sich zwei das Leben, einer war nicht mehr arbeitsfähig, und drei haben ihren Beruf gewechselt«[5].

Auch das Miterleben von Naturkatastrophen wie Erdbeben, Überschwemmungen, Feuersbrünste, Lawinenunglücke oder auch Kriegsgeschehen kann Menschen traumatisieren. Die Folgen sind gesteigerte Erregbarkeit und Schreckhaftigkeit, immer wiederkehrende albtraumartige Erinnerungen, Gefühle von Wut und Ohnmacht, Hilflosigkeit und auch Vermeidungsstrategien: *»Ich gehe nie wieder an diesen Ort oder in ein solches Fahrzeug ...«*

Einbrüche und Diebstähle

Auch das Erleben eines Einbruches oder eines Diebstahls kann ein Trauma nach sich ziehen. Man fühlt sich in der Intimsphäre verletzt, der persönliche Bereich ist beschmutzt oder unrein. Man hat ein Gefühl der Unsicherheit und Ungeborgenheit in den eigenen vier Wänden, Angst vor dem Schlafengehen, Fantasien, was noch alles hätte passieren können. Manche wollen aufgrund eines solchen Erlebnisses aus dem bisherigen Umfeld ausziehen, andere versuchen mit Reinigungsritualen oder Kontrollgängen wieder Ordnung in die Gefühle zu bringen. Wieder andere sichern sich durch Alarmanlagen oder neue Schlösser ab.

Dies alles ist auch richtig und wichtig. Entscheidend ist es, Wege zu finden, sich wieder sicher und zu Hause fühlen zu können. Die Intimsphäre muss neu geschaffen werden. Dies geht nicht von heute auf morgen, sondern braucht Zeit.

Überfälle

Noch schlimmer ist es, wenn man auf der Straße oder in den eigenen vier Wänden überfallen wird. Solche Erlebnisse können tief traumatisieren. Wir sind selbst einmal in eine solche Situation gekommen, in der ein geistig verwirrter Mann mitten in der Nacht in unser Haus eingedrungen ist und meinen Mann umbringen wollte. Das war ein schwerer Schock für alle aus der Familie, die es miterlebt haben. Von einem Moment auf den anderen ist alles anders. In die Seele ist ein Loch gerissen. Jede kleinste Alltagshandlung kostet unendlich viel Kraft. Man hat das Gefühl, buchstäblich über Nacht um Jahre gealtert zu sein, sich zu jeder Tätigkeit zwingen zu müssen, schleppt sich nur mühsam durch den Tag, ist schreckhaft und emotional kaum belastbar, kann nachts nicht mehr ruhig schlafen, schreckt bei jedem kleinsten Geräusch zusammen, hat immer wiederkehrende Erinnerungsbilder, sogenannte »flashbacks«.

Vergewaltigung

Auch Vergewaltigungsopfer erleben ihre Erinnerungen massiv bedrängend, dazu noch ein Gefühl von körperlicher Beschmutzung, Schmerzen, möglicherweise Angst vor Schwangerschaft und das Gefühl, in irgendeiner Weise selbst daran schuld zu sein, den Täter provoziert oder herausgefordert zu haben.

Entführungen

Entführungsopfer sind immer traumatisiert. Hilflos der Bösartigkeit und der Gewaltbereitschaft der Täter ausgeliefert, sind sie Opfer, werden gedemütigt, geschlagen, verletzt, gequält, müssen vielleicht auch mitansehen, wie Mitgefangene gefoltert oder getötet werden. Um in einer solchen Situation des Ausgeliefertseins psychisch überleben zu können, entwickeln viele Geiseln gegenüber ihren Geiselnehmern nicht nur Gefühle von Angst und Hass, wie man es in einer solchen Situation erwarten würde, sondern auch Gefühle von Verständnis und Solidarität, Zärtlichkeit oder sogar Liebe. Sie versuchen, mit den Tätern eine Beziehung aufzubauen. Dieses Verhalten ist bekannt als sogenanntes »Stockholm-Syndrom«. Immer wieder wurde bei Geiselnahmen dieses psychologische Phänomen beobachtet. Es ist eine automatische, unbewusste und emotionale Reaktion auf das Trauma, ein Opfer zu sein. Für

Außenstehende mag diese Reaktion auf den ersten Blick unverständlich erscheinen. Das »Stockholm-Syndrom« ist aber ein psychologischer Überlebensmechanismus, wenn Geiseln ihren Peinigern völlig ausgeliefert sind.

Eine Geiselnahme versetzt die Geiselopfer psychologisch in eine frühkindliche hilflose Rolle, in der sie sich zusätzlich noch in Todesgefahr befinden. So wie kleine Kinder von ihren Eltern abhängig sind, fühlen sich die Geiseln von den Tätern abhängig. Der Versuch, den Aggressionen der Täter zu entgehen und das Gefühl, ausgeliefert zu sein, führt dazu, dass sich die Menschen psychisch schützen, indem sie sich mit den Tätern identifizieren.

Auf diese Weise versuchen sie, in einer Situation extremer Hilflosigkeit in irgendeiner Weise aktiv werden zu können oder dem Täter vielleicht sogar zur Verhaltensänderung zu verhelfen. Zugleich fühlen sie sich dann oft mitschuldig an dem Geschehen.

Traumatisierungen haben schwere Folgen, die oft noch nach Jahren Auswirkungen haben: Erschöpfungszustände, Reizbarkeit, Panikattacken, Schlaflosigkeit, Ohnmachtsgefühle bis hin zu gesundheitlichen Schäden.

Doch auch Traumatisierungen können geheilt werden. Aber es braucht Zeit, oft ähnlich lang wie ein Trauerprozess, bis man wieder einigermaßen bei seelischen und auch körperlichen Kräften ist.

In einem solchen Traumatisierungserlebnis ist es sehr hilfreich, wenn wir den ständig uns wieder überfallenden Erinnerungsbildern etwas bewusst entgegensetzen können. Meistens spult sich das schreckliche Erlebte mitten im Alltagsgeschehen wie ein innerer Film ab. Diesen Bildern fühlen wir uns ohnmächtig ausgeliefert. Oder das Ereignis nimmt in dem Film sogar einen noch schlimmeren Ausgang, als wir ihn erlebt haben. Solche Filmbilder führen unsere Gedanken und Gefühle immer in eine Abwärtsspirale, in der wir verhaftet bleiben, führen uns aus der Gegenwart in die schreckliche Vergangenheit und versetzen uns in körperliche Übererregung, in einen Angstzustand oder in Panik.

Solche Rückblenden müssen gestoppt werden, da sie sich sonst verselbstständigen, zu einer Retraumatisierung führen und eine Macht über unser Leben gewinnen können, die ihnen nicht zusteht. Es gibt dazu verschiedene Techniken[6], die uns helfen können, sich von solchen Bildern nicht dauernd überrollen lassen zu müssen: sich an einen sicheren Ort begeben und sich verdeutlichen, dass das Geschehen Vergangenheit ist; den eigenen Körper spüren und mit der Technik des Gedankenstopps den Negativ-Bildern Einhalt gebieten; dem überwältigenden Schlimmen einen positiven Gedanken entgegensetzen.

Mir persönlich war es hilfreich, mir von Gott einen »Gegen-Gedanken« geben zu lassen, etwas, das ich den Bildern bewusst entgegensetzen konnte. Zum Beispiel: »Sei dankbar, dass du noch lebst.« Oder: »Gott war mächtiger.« Oder »Gott setzt Anfang und Ende des Lebens.« Jedes Mal wenn dann die Erinnerungsbilder wie eine Bestie nach uns greifen, können wir die positiven Gedanken wie ein Schutzschild oder Stoppschild dagegensetzen. Wenn wir das oft genug machen, verlieren die Erinnerungen ihre bedrängende Wirkung, und irgendwann bleiben sie dann ganz weg. Inzwischen gibt es auch in Deutschland kompetente und professionelle Hilfsangebote für Traumatisierte (z. B. www.traumatherapie.org).

Krankheit

Eine Krankheit trifft uns unvermittelt und plötzlich.

Allerdings müssen wir zwischen Krankheiten, von denen wir wieder genesen können, und solchen, die aller Wahrscheinlichkeit von nun an zu unserem Leben dazugehören oder vermutlich zum Tod führen werden, unterscheiden.

Ein Arzt formulierte einmal: »*Wir gehen mit unseren Krankheiten um, wie die alten Griechen mit den Unglücksboten. Wir bringen sie um. Aber dadurch lernen wir auch nicht, die Botschaft zu hören, die sie bringen.*« Manche Krankheit bringt tatsächlich eine wichtige Botschaft, denn sie stellt unseren bisherigen Lebensstil oder auch unsere Lebensinhalte infrage. Das ist gut so. Solange wir uns nur gegen die Krankheiten wehren, verschließen wir uns vor den Herausforderungen und Umdenkprozessen, die eine Krankheit mit sich bringen kann. In jeder Krankheit möchte Gott in unserem Leben intensiver als vorher zu Wort kommen, sodass sich uns neue Wege erschließen können.

»Heilung im tieferen Sinn kann nicht bedeuten, dass der Zustand, der vor der Erkrankung bestanden hat, wiederhergestellt wird. Heilung im eigentlichen Sinn ist nicht Restauration des alten, sondern Beginn eines neuen Lebens. Nur der ist wahrhaftig geheilt, der sich anders von seinem Krankheitslager erhebt, als er sich hingelegt hat.«
Dr. Arno Schleier

Nun kann es aber auch sein, dass wir von Krankheiten bedroht sind, von denen wir vermutlich nicht mehr genesen werden, sondern die Teil unseres Lebens werden. Das ganze Leben wird durcheinandergerüttelt, alles ist anders als vorher. Die Krankheit wird zum zentralen Thema, der Ausgang ist ungewiss. Der ganze Alltag muss neu organisiert werden. Die Angst und die Sorge werden zum täglichen Begleiter. Die Gesundheit bekommt einen höheren Stellenwert als je zuvor. Alles Mögliche wird getan, um wieder gesund zu werden. Begleitet sind solche Erfahrungen von Trauer darüber, dass bestimmte Tätigkeiten oder Erlebnisse nicht mehr zum Leben dazugehören können.

Wir sind emotional völlig besetzt von der Krankheit, sind wütend auf die Krankheit, auf uns, auf unsere Mitmenschen oder auf Gott. Wir rebellieren gegen die Krankheit. Angst greift nach unserem Herzen wie eine kalte Hand. Wir können nicht mehr schlafen, sind verzweifelt oder wir fühlen uns schuldig.

Auch Ratschläge von Freunden oder Verwandten, was nun alles zu tun sei, können zwar gut gemeint sein, gehen aber an den Empfindungen und an den Gefühlen der Betroffenen völlig vorbei. Mancher Rat ist nur der Versuch, das Leid nicht aushalten zu müssen oder auch ein Ausdruck der eigenen Hilflosigkeit. Kranke und ihre Angehörigen brauchen keine Ratschläge, sondern Menschen, die zu ihnen stehen und mit ihnen gehen. Manchmal können auch ganz praktische Dinge unterstützen. Dabei muss aber vorsichtig vorgegangen werden. Das sensible System in einer Familie mit einem Schwerkranken oder lebensbedrohlich Erkrankten kommt leicht aus dem Gleichgewicht durch gut gemeinte Hilfe. Das wirkt auf Außenstehende irgendwie paradox: *Warum lassen sie sich nicht helfen?* Es ist aber emotional wesentlich weniger anstrengend, bestimmte Dinge selbst zu machen. Das hat mit »sich nicht helfen lassen wollen« nichts zu tun. Darum sollte Hilfe nie aufgedrängt, sondern nur angeboten werden. Eine Ablehnung von Hilfsangeboten darf nicht als Zurückweisung verstanden werden, sondern als im Moment tatsächlich nicht hilfreich.

Manche Schwerkranke stellen sich die Frage, ob sie die Krankheit durch einen falschen Lebensstil selbst verschuldet haben. Eine krebskranke Freundin erzählte mir kurz vor ihrem Tod: »*Mein Vater war vor wenigen Tagen bei mir und machte mir Vorwürfe, ich sei ja schließlich selbst schuld an meiner Krankheit. Ich hätte mich zu wenig den positiven Energien und Kräften ausgesetzt.*«

Es war deutlich zu spüren, wie sehr dieser Vorwurf ihre Gedanken belastete und die eigenen Vorwürfe noch verstärkte. Paulus hat dazu eine andere Aussage: »Denn ich bin gewiss, dass weder Tod noch Leben, weder Engel noch Mächte noch Gewalten, weder Gegenwärtiges noch Zukünftiges, weder Hohes noch Tiefes noch eine andere Kreatur uns scheiden kann von der Liebe Gottes, die in Christus Jesus ist, unserm Herrn« (Römer 8,38).

Nichts kann uns von der Liebe Gottes trennen, keine Macht der Welt und erst recht keine Krankheit. Unser Leben ist in seiner Hand.

Es kann eine Hilfe sein, sich in solch einer Situation nochmals ganz neu an Gott auszuliefern und ihm die Herrschaft über das eigene Leben zu übergeben. Nicht die Krankheit soll mich beherrschen, sondern Christus soll Herr meines Lebens sein - egal was kommt. Nichts kann mich aus seiner Hand reißen, auch nichts, was in der Zukunft auf mich zukommen wird.

Tod

Der Tod eines geliebten Menschen ist der tiefste Bruch, die tiefste Krise, die wir erleben können. Eine Beziehung geht für immer zu Ende. Es gehört zu den schmerzlichsten Erfahrungen im Leben, wenn wir von einem Menschen für immer Abschied nehmen müssen. Die Endgültigkeit und Brutalität des Todes stellt uns immer wieder vor Zweifel oder Verzweiflung. Es braucht - je nachdem wie intensiv die Beziehung war - mindestens ein Jahr, aber oft noch viel länger, bis wir das Gefühl bekommen, wieder Boden unter den Füßen zu haben und neue Wege zu gehen, Aufbrüche wagen zu können. Das kann auch sofort wieder möglich sein. Inzwischen sagen auch Fachleute, dass Trauerphasen unterschiedlich ablaufen. Nicht jeder macht jede Phase durch. Jede Art von Trauer ist in Ordnung. Es gibt kein richtig oder falsch - nur ein »anders« -, weil eben alles anders geworden ist.

Jeder Tod, aber ganz besonders der plötzliche Tod eines Menschen, kann uns in einen tiefen Schockzustand versetzen mit dem Gefühl, nur noch Abgründe um uns herum zu haben, in einem finsteren Loch ohne Fenster zu sitzen. Ein verzweifeltes Fragen nach dem Warum und dem Wohin stellt sich ein und begleitet uns in jeder Minute des Tages. Fassungslosigkeit, Wut, Verleugnung wechseln sich ab mit Schmerz, Hilflosigkeit und Ohnmacht.

Viele haben auch das Gefühl, dass das Leben stehen bleibt, und fühlen sich deswegen orientierungslos, abgeschnitten vom Fluss des Lebens.

Dem Verstorbenen gegenüber sind oft Schuldgefühle da: *»Hätte ich dieses oder jenes noch mit dir geklärt.«* – *»Eigentlich wollte ich mit dir nochmals darüber reden, dich darüber befragen,* *diese Information noch von dir.« – »Da wäre noch etwas zu bereinigen gewesen.«*

In solch bedrängenden Gedanken kann die Unwiderbringlichkeit des Lebens etwas Grausames haben. Wie ein jäher Abgrund steht der Tod vor uns und schneidet einen Weg ab, den wir gerne noch gegangen wären.

Die Tage und Wochen danach sind für die Hinterbliebenen oft begleitet von intensiven Träumen. Es können positive tröstliche Träume sein, aber auch Albträume, in denen der Verstorbene um Hilfe oder um Befreiung ruft. Auch Ess-Störungen oder körperliche Krankheit können die Folge sein. »Das Immunsystem wird geschwächt, die Wahrscheinlichkeit für Depressionen nimmt deutlich zu, ebenso das Risiko für Appetit- und Gewichtsverlust, erhöhten Drogenkonsum und sexuelle Dysfunktionen. Sogar das Sterberisiko steigt!« (Mila Hanke)[7]

Wenn der Ehepartner gestorben ist, kann die Einsamkeit quälend und beißend werden: beim Nachhause-Kommen keine Begrüßung, der leere Platz im Bett, der leere Stuhl, das leere Zimmer. Ein Gefühl der Verlorenheit, der Verlassenheit und des Halbiertseins wird ein ständiger Begleiter und eben auch die tiefe, körperlich spürbare Sehnsucht, wieder bei ihm zu sein. Bei schweren Verlusten ist der Wunsch, dem anderen hinterherzusterben, ganz normal. Es scheint die einzige Möglichkeit, dem Verstorbenen jetzt noch nahe zu sein. Dieser Wunsch kann eine große innere Sogkraft entwickeln.[8]

Den Tod kennenlernen und erfahren ist vielleicht die größte Krise und die tiefste und wichtigste Schule im Leben. »Der Tod ist ein großer Lehrmeister« heißt eine alte Volksweisheit. Mose formuliert es in einem Gebet so: *»Lehre uns bedenken, dass wir sterben müssen, auf dass wir klug werden«* (Psalm 90,12).

Jeder Tod, den wir miterleben, stellt uns immer auch die Frage nach dem eigenen Tod, nach der eigenen Sterblichkeit, nach unseren Grenzen und damit auch nach den Werten und Zielen, die in unserem Leben vorherrschend und wichtig sind. Die Erfahrung des Todes überprüft unsere Lebensinhalte und stellt zunächst alles, was uns bisher Halt gegeben hat, infrage.

Ich selbst habe das mit 19 Jahren so erlebt, als ich meinen Vater durch einen Verkehrsunfall ganz plötzlich verloren habe. Dieses Erlebnis war ein tiefer Schock für mich, für uns als Familie, für meine Mutter, meine Brüder und meine Großeltern. Es hat – in dem Schockerlebnis und dem Trauerprozess – in ein intensives Fragen geführt, welche Werte für mich wichtig sind und wofür es sich zu leben lohnt. Auch wofür es sich zu streiten lohnt, woran es sein Herz zu hängen lohnt und woran nicht. Der Rückweg von der Beerdigung war damals für mich ein entscheidender Moment, in dem mir bewusst wurde, dass viele Werte, die in unserer Gesellschaft hochgehalten werden, nicht wirklich zu einem sinnvollen und erfüllten Leben gehören.

Wenn das Leben so schnell zu Ende sein kann, muss es andere Dinge geben, die Halt geben können.

Wenn wir uns bewusst machen, dass unser Leben begrenzt ist, findet eine Neubewertung von allem Bisherigen statt. Manches wird unwichtig, von manchen, wie z. B. materiellen Dingen, können wir uns trennen und leichter lösen, anderes wird viel wichtiger als vorher: gelebte Liebe in Beziehungen, Verlässlichkeit, Treue, Ehrlichkeit, Versöhnung, Vergebung, Hoffnung über den Tod hinaus, Glauben an Christus, der auch in den schweren Zeiten mit uns durchs finstere Tal geht.

Leben lernen heißt sterben lernen. Wer gelernt hat zu sterben, der kann erst richtig leben.
Paul Schüz

2. Wege des Loslassens und Empfangens in der Bibel

Jede Veränderung ist von Prozessen des Loslassens und Empfangens begleitet.

Aber wenn wir etwas loslassen, dann doch das, was wir zuvor auch empfangen haben. Wir dürfen und sollen darum auch die guten Zeiten des Lebens genießen, uns an all dem Schönen, das wir haben, freuen. Gott schenkt uns das Leben, Mitmenschen, schöne Erlebnisse und auch gewisse materielle Sicherheiten, damit wir darüber zum Danken und Loben finden. Ein dankbares Leben weiß sich bezogen auf einen Geber, der uns beschenkt, auf einen liebevollen himmlischen Vater, der es gut mit uns meint.

Doch solche Orte der Freude und des Empfangens stehen immer unter dem Zeichen des Vorläufigen, sie sind kein fester Besitz, den wir für immer haben. Irgendwann kommt der Tag, an dem wir uns von solchen vertrauten und liebgewordenen Erfahrungen, von solchen sicheren Orten wieder lösen müssen. Solche Prozesse können sehr schwer sein. Genau das macht eine Krise aus: Loslassen von Besitz, von Menschen, von Gewohnheiten oder Ritualen, von Gesundheit. Wir sehnen uns zurück nach dem Früheren, nach dem vermeintlich Besseren.

Doch so wie das Schöne vorläufig und nie letzter Besitz ist, ist auch das Schwere vorläufig. Denn bei Gott ist das Leid nie das Letzte.

Darum ist der Rat von Paulus »Haben als hätten wir nicht«[9] eine gute Einübung in das ständige Loslassen. Er hilft zu einer gesunden Distanz zu den Besitzgütern oder anderen Schätzen des Lebens. Wir leben nicht vom Haben, sondern: »Leben wir, so leben wir dem Herrn; sterben wir, so sterben wir dem Herrn« (Römer 14,8).

Wachstum entsteht nur durch Loslassen, neues Wagen, Hergeben, den Horizont erweitern, Vorwärtsgehen. Dafür müssen wir etwas hinter uns Liegendes loslassen. Ohne Loslassen gibt es keine Entwicklung, kein seelisches Wachstum, kein persönliches Reifen.

Wer gerne wandert oder spazieren geht, erlebt solche inneren Vorgänge immer wieder ganz plastisch: Im Gehen lassen wir den Weg und die Landschaft, die zuerst vor uns war, hinter uns. Etwas Neues kommt auf uns zu, wird aber im Gehen auch wieder Vergangenheit. Wir sind zwischen dem Alten und dem Neuen, zwischen Vergangenem und Zukünftigem und verbinden beides miteinander. Genau das ereignet sich in Umbruchsituationen.

> Im allgemeinen Rhythmus des christlichen Lebens schließen sich Entfaltung und Verzicht, Verhaftung und Loslösung keineswegs aus. Im Gegenteil: sie stehen im Einklang wie das Einatmen und das Ausatmen der Luft im Spiel unserer Lungen.
>
> *Teilhard de Chardin*

Die Jünger auf dem Weg nach Emmaus

In der Bibel gibt es mehrere solcher Weggeschichten in Umbrüchen, so zum Beispiel die Jünger auf dem Weg nach Emmaus: Sie sind aufgewühlt, betroffen, verletzt, wütend über die Ereignisse um das Leiden und den Tod von Jesus. Sie waren in den letzten Jahren ganz nah bei Jesus. Er war ihnen die wichtigste Bezugsperson geworden. Sie haben Umwälzendes und Aufregendes erfahren, waren mit ihm unterwegs, haben von ihm gelernt, seine Wunder erlebt. Das alles ist durch den Tod von Jesus weggebrochen, gehört jetzt nicht mehr zu ihrer Gegenwart, sondern ist Vergangenheit geworden.

Sie sind miteinander auf dem Weg von Jerusalem nach Emmaus, und natürlich unterhalten sie sich genau darüber, was sie so aufwühlt, innerlich beinahe zerreißt und verunsichert.

Nun geschieht es, dass Jesus in ihre Gegenwart tritt, ohne dass sie es merken. Sie erzählen ihm, warum sie so betroffen sind. Damit wird er ihr Gesprächspartner und Teil ihres Verarbeitungsprozesses. Ja, er hilft ihnen sogar zum Verständnis dessen, was geschehen ist. Er erklärt ihnen, warum Christus sterben musste. Er richtet damit ihren Blick weg von der Vergangenheit hin in die Zukunft und schenkt ihnen wieder Hoffnung und Perspektive.

Das Bewegende daran ist, dass Jesus ihnen so begegnet, dass sie ihn zunächst nicht erkennen. Auch das ist eine häufige Erfahrung in Krisen: Erst in der Rückschau, vielleicht erst nach vielen Jahren, merken wir, dass uns genau in der dunkelsten Phase und im schwierigsten Moment Gott schon ganz nahe war, ohne dass wir es begriffen haben.

Die Jünger erkennen ihn erst in der Tischgemeinschaft, im Brotbrechen. Dies ist für sie eine Erinnerung an das Abendmahl. Als sie am Ziel waren, angekommen waren, sich von den aufgewühlten Gefühlen gelöst hatten, durch Jesus schon getröstet und wieder aufgerichtet waren, Neues empfangen hatten – da erst erkannten sie ihn.

Wie oft ist das auch bei uns so. Im Rückblick erkennen wir: »Er war schon da, er war dabei, er hat mich nicht verlassen.«

Viele Menschen begeben sich genau deswegen auf eine Pilgerreise. Sie haben Schweres erlebt und müssen sich davon lösen, müssen innerlich bereit werden für Neues. Doch sie spüren genau, dass das ein langer Weg ist. Das Gehen, das Pilgern, das Nachdenken dabei, kann eine große Hilfe sein, und schon manche berichteten, dass sie – wie die Emmausjünger – erst im Nachhinein erkannt haben, dass Jesus schon mit auf dem Weg war.

Im Neuen Testament heißt es: »Wir haben hier keine bleibende Stadt, sondern die zukünftige suchen wir« (Hebräer 13,14). Das Pilgern, das Gehen und dabei Nachdenken oder Meditieren ist eine Hilfe, der zukünftigen Welt ein Stück näherzukommen und Schweres oder Unwichtiges auf dieser Welt hinter sich zu lassen.

Loslassen, Verzichten geschieht nicht nur in Krisen. Manchmal ist es auch eine ganz bewusste willentliche Entscheidung, sich auf Neues einzulassen und darum Altes hinter sich zu lassen, auch wenn es schwerfällt.

Und genau dabei gewinnt man neue Horizonte, neues Wissen, neue Erfahrungen, neue Erkenntnisse.

Elia und seine Erschöpfungsdepression

Ein weiteres Beispiel für eine Weg-Geschichte mit Gott finden wir bei Elia (1. Könige 18-19). Er erlebt einen grandiosen Gottesbeweis. Gott schickt auf seine Gebete hin Feuer vom Himmel. Was die Baalspriester mit stundenlangen Gebetsriten nicht erreichen konnten, geschieht auf das Gebet des Elia in einem Augenblick. Der Altar fängt Feuer, obwohl er vorher auf das Geheiß des Elia noch mit vielen Litern Wasser übergossen worden war. Gott entzündet selbst das Brandopfer, das Volk Israel erkennt durch dieses Wunder Gott aufs Neue als seinen Herrn an und betet ihn an. Wenig später lässt Gott auf das Gebet des Elia hin die seit Monaten ersehnten Regenwolken aufziehen, sodass die Hungersnot und der Erntenotstand ein Ende finden können.

Elia war der Vermittler dieses Gottesbeweises, es war ein geistlicher Höhepunkt in seinem Leben. Normalerweise würden wir vermuten, dass er darüber glücklich und zufrieden war. Er erfährt Beachtung, wird gelobt und alles Volk ist ihm dankbar. Aber das Gegenteil tritt ein. Isebel, die Frau des Königs, eine Baalsanhängerin, ereifert sich gegen Elia und droht ihm mit dem Tod. Darauf bekommt Elia es mit der Angst zu tun und flieht in die Wüste.

Danach will er nicht mehr weiterleben. Er wünscht sich den Tod, typisches Kennzeichen für eine Erschöpfungsdepression, ein Burn-out-Syndrom. Elia ist ausgebrannt und kaputt, eine Erfahrung, die Menschen gerade nach großen und besonderen Erfahrungen mit Gott öfters erleben können: nach einer Großveranstaltung, nach einer Evangelisation, nach einem gelungenen Projekt, nach einer Predigt erschöpft und ausgelaugt zu sein. Bei Elia kommt nach dem Wunder und der Erfahrung von Gottes großartigem Machterweis die Mutlosigkeit. Der Lebenswille verlässt ihn.

Elia legt sich hin und will nicht wieder aufstehen. Auch das kennen wir in Krisen: das Aufstehen am Morgen fällt uns schwer. Wir wollen den Tag nicht angehen, wir haben Angst vor dem, was auf uns zukommt. Wir ziehen uns zurück, verweigern das Essen, verkriechen uns in eine Höhle, wollen nicht mehr weitermachen. »So nimm nun Herr meine Seele«, sagt Elia (1. Könige 19,4). Und so legt er sich hin und schläft ein. In der Wüste kann dies tatsächlich zum Tod führen; durch Hitzschlag und Verdursten kann ein Mensch sehr schnell zu Tode kommen - also ein versuchter Selbstmord.

Doch Gott geht mit Elia sehr liebevoll und fürsorglich um. Er schickt einen Engel, der Elia Brot und Wasser bringt. Er versorgt ihn zuerst mit dem Elementarsten. Menschen, die erschöpft sind, brauchen manchmal tatsächlich zuerst etwas zu essen und zu trinken, damit die Lebensgeister wieder erwachen. Und Gott lässt Elia nochmals schlafen, bevor er ihn wieder weckt und zum Essen und Trinken ermutigt.

Danach ist Elia so gestärkt, dass er »durch die Kraft der Speise« 40 Tage und 40 Nächte lang bis zum Berg Horeb gehen kann. Wir würden im ersten Moment vermuten, dass Gott ihn sofort wieder zurückschickt in seine bisherige Aufgabe. Aber Gott führt ihn erst in die Stille und in die Begegnung mit ihm am Berg Horeb. Dort begegnet Gott Elia nochmals in eindrücklicher Weise und ermutigt ihn, richtet ihn wieder auf, sodass er danach wieder zu seinem Volk zurückkehren kann.

Gott begegnet uns oft wie Elia gerade an den Tiefpunkten des Lebens. Dort kann er uns besonders nah sein und uns auf unerwartete Weise trösten.

Elia hatte alles hinter sich gelassen, auch seinen Wunsch zu leben. Er hatte mit dem Leben abgeschlossen, sich von allen bisherigen Erfahrungen gelöst. Und genau an diesem Tiefpunkt, in dieser Krise geschieht etwas Neues in seinem Leben, er bekommt von Gott neue Nahrung: Speise, die ihm 40 Tage und Nächte lang Kraft zum Gehen gibt. Der Trost Gottes kann sich auch in unserem Leben manchmal so ganz anders offenbaren, als wir es erwarten würden. Elia hatte nur noch den Tod vor Augen, Gott hatte anderes mit ihm vor, hat ihn wieder aufgerichtet und neu ermutigt, neu beauftragt.

Ein Beispiel dafür, wie wir gerade dann Neues empfangen können, wenn wir bereit sind loszulassen. Wo wir leer werden vor ihm, nicht mehr auf unser Können und Wissen bauen, nicht mehr unserer Kraft vertrauen oder einfach nicht mehr weitersehen, da kann Gott uns ganz neu begegnen, auf neue Weise mit uns reden und uns dann auch neu erfüllen: mit Freude, Hoffnung, neuen Aufträgen oder neuen Fähigkeiten, neuem Mut und neuer Zuversicht. Wir müssen das nicht selbst produzieren. Wir können uns nicht wie Münchhausen am eigenen Schopf aus dem Sumpf ziehen. Das Neue geschieht durch Gott, dadurch dass er sich auf den Weg zu uns macht und uns dort abholt, wo wir nicht mehr weiterwissen.

3. Abwehrreaktionen

Eine Krise kann positiv oder negativ sein, einen guten oder einen schlechten Ausgang haben, so wie auch das griechische Wort *krisis* sowohl die Bedeutung »Krise« wie auch »Entscheidung, Wendepunkt« hat.

Eine ähnliche Bedeutung von Krise finden wir auch im Chinesischen. Das Schriftzeichen für »Krise« ist zusammengesetzt aus zwei Wortbildern mit der Bedeutung: Chance (oder auch Rettung) und Gefahr.

Zur Gefahr wird eine Krise dann, wenn wir uns in den zunächst völlig normalen Abwehrreaktionen verfestigen und darum dem Neuen nicht stellen können. Solche ersten Reaktionen sind Schock, Abwehr, Scham, Verleugnung, Vermeidungsverhalten, Wut, Flucht, Rückzug oder Selbstmitleid.

Schock

Wenn eine Veränderung schlagartig eintritt, zum Beispiel durch den plötzlichen Tod eines Menschen oder durch eine Naturkatastrophe, die über uns hereinbricht, einen Überfall oder Ähnliches, dann befinden wir uns in den ersten Stunden oder Tagen danach in einem Schockzustand.

Wir erleben die Welt wie hinter einer Glaswand. Wir sind nicht wirklich beteiligt, möglicherweise auch nicht fähig zu irgendwelchen Emotionen. Wir fühlen uns abgeschnitten von uns selbst. Manche erstarren im Schweigen, andere wiederum reden unaufhörlich oder haben Schrei- oder Weinkrämpfe. Solch ein Schockzustand löst sich normalerweise in wenigen Tagen auf, sollte er anhalten, braucht so ein Mensch dringend professionelle Hilfe.

Abwehr, Verleugnung oder Scham

Dass etwas passiert ist, löst in uns starke Abwehrreaktionen aus. Wer will schon krank sein? Wer will schon einen Menschen verlieren? Wer will schon eine Beziehungskrise? Wer will schon materiellen Schaden usw.? Dagegen wehren wir uns. Darum reagieren wir im ersten Moment negativ. Wir sperren uns. Die Gefühle und das Herz kommen nicht mit: *»Das kann nicht sein. Ich akzeptiere es nicht. Ich glaube es nicht.«* Oder: *»Ich gebe es nicht zu, dass ich in der Ehe Probleme habe.«* Oder: *»Ich vermeide das Thema Kinder, weil es mir zu peinlich ist, was diese machen.«*

Oder: *»Ich will darüber jetzt nicht sprechen und lenke Gespräche auf ein anderes Thema oder breche sie ab.«* Oder: *»Ich verdränge die Gedanken daran - es ist alles bestens, wie in früheren Zeiten.«* Auch Irreales wird geäußert: *»Er/sie ist nur verreist - er/sie kommt bald wieder.«* Der Verstand weiß es, aber das Herz verleugnet es, kann es nicht wahrhaben. Häufig - aber nicht ausschließlich - ist das die männliche Variante, mit Schwierigkeiten umzugehen.

Verleugnung und Verdrängung sind nicht hilfreich, weil dadurch Verarbeitungsprozesse und Auseinandersetzungen mit wichtigen Lebensthemen nicht in Gang kommen können. Das Thema rumort im Unterbewussten und kann merkwürdige Blüten treiben wie etwa plötzliche Gefühlsausbrüche, Lebensunlust, ständiger Bewegungsdrang, Schlaflosigkeit, Gereiztheit oder auch inneres Erstarren, Unbeweglichkeit, Verhärtung, Verbitterung, Zwanghaftigkeit, Absonderlichkeit.

Manche Menschen entwickeln auch **Vermeidungsstrategien:** Sie fliehen aus der Umgebung, in der einen alles an das schreckliche Erlebnis, oder an den Verstorbenen erinnern könnte. Bestimmte Orte sind tabu, Fotos werden weggesperrt. Das Reden wird vermieden, bis hin zu einem fluchtartigen Verlassen des vertrauten Umfelds, häufiges Verreisen oder Wegziehen aus der Umgebung. Anfänglich kann das Meiden der gewohnten Umgebung eine durchaus normale Reaktion sein, denn sie hilft, das Geschehen erst langsam an sich heranzulassen. Wenn es aber zu einer totalen Verweigerung des Kontaktes mit bestimmten Orten führt, das Zimmer nie wieder betreten, das Grab nie besucht wird, dann ist dies eine gefährliche Realitätsverdrängung. Nur wer sich bewusst der Tatsache des Todes oder anderer Leiderfahrungen stellt und ihnen ins Auge schaut, kann mit dem Geschehen so umgehen, dass es zu einer Integration des Verlustes kommt.

Wut und Aggression

Sie sind eine sehr häufige Reaktion auf Veränderungen oder Krisen. Wir ärgern uns maßlos über das, was passiert ist, z. B. wenn uns durch eigene oder fremde Schuld hoher materieller Schaden entstanden ist. Oder auch wenn Menschen, die uns nahestehen, in ernsthafte Probleme kommen. Wir reagieren wütend und enttäuscht, wenn wir angelogen wurden, wenn Vertrauen missbraucht oder ein Versprechen nicht gehalten wurde, wenn Kinder oder Eltern sich scheiden lassen oder auch wenn wir selbst unachtsam waren, Schaden angerichtet oder versagt haben.

Wenn ein Mensch stirbt, vor allem wenn er sehr plötzlich stirbt, kann es auch sein, dass wir wütend auf ihn oder sie sind. »*Warum verlässt er/sie mich einfach so?*« Oder: »*Warum war er/sie so unvorsichtig? Warum hat er/sie nicht aufgepasst?*« Als ich die Nachricht erhielt, dass mein Vater überfahren worden war, war ich nicht wütend auf den Unfallverursacher, sondern auf meinen Vater: dass er sich oder auch uns als Familie so etwas antun lässt.

Manche Menschen reagieren auch mit Wut und Zorn auf Gott. »*Was ist das für ein Gott, der so etwas zulässt?*« Oder: »*Kann es Gott überhaupt geben, wenn so etwas auf der Welt geschieht?*«

Wut und Aggression auf die Verursacher, die Verstorbenen oder auch auf Gott ist zunächst erlaubt und völlig normal. Das sind urmenschliche Reaktionen.

Aber auch darin dürfen wir uns nicht verfestigen, sonst landen wir in Bitterkeit, Unbarmherzigkeit, Sarkasmus, Gehässigkeit oder Gefühlskälte oder noch schlimmer in Rachefantasien, Gewaltausbrüchen und Zerstörungswut.

Fluchtverhalten

Nach schlimmen Ereignissen stürzen sich manche in Arbeit, in übertriebene Sportaktivitäten, in irgendeine Form der Sucht, nur um nicht ständig an das Schwere denken zu müssen.

Beschäftigungen, Hobbys, sportliche Aktivitäten können natürlich hilfreich sein, denn sie geben dem Tag eine Struktur. Sie können ein Geländer werden, damit man sich nicht im Selbstmitleid oder in der Trauer verliert. Aufgaben und Herausforderungen können eine Hilfe sein, sich nicht ständig nur um sich selbst und das Schwere zu drehen, sondern auch mit anderen und für andere etwas zu tun. Alle solche Aktivitäten dürfen aber nicht die Trauer und die Konfrontation mit dem, was die Krise ausgelöst hat, überdecken oder verhindern.

Rückzug

Menschen in Krisen sind oft einsam. Nach der Beerdigung eines Angehörigen kommt es oft zu einem Zusammenbruch: Trauernde fühlen sich »mitgestorben«, werden apathisch. Sie ziehen sich zurück von der Öffentlichkeit. Sie vermeiden den Kontakt mit anderen Menschen. Sie fliehen aus der Gemeinschaft, damit sie nicht gefragt werden und reden müssen. Oder damit sie nicht die Erfahrung machen müssen, dass andere Menschen sie meiden.

Eine Frau erzählte: »*Nachdem ich meinen Mann verloren hatte, geschah es immer wieder, dass Menschen die Straßenseite wechselten, wenn sie mich kommen sahen. So vermieden sie den Kontakt mit mir. Sie hatten Angst, mit mir reden zu müssen.*«

Eine andere: »*Manche Menschen benahmen sich so, als sei der Tod eine ansteckende Krankheit. Sie wollten keine Nähe zu mir, ich fühlte mich wie eine Aussätzige.*«

Menschen, die Leid tragen, erinnern uns daran, wie gefährdet unser Leben ist, wie schnell es vorbei sein kann. Wenn wir also nicht ständig an den eigenen Tod oder mögliche Gefahren erinnert werden wollen, gehen wir deswegen oft den Leidtragenden aus dem Weg.

Die Gleichgültigkeit des Umfelds kann ebenfalls eine große Belastung sein. Für viele Menschen ist es einfacher, dem Menschen in einer Krisensituation gegenüber so zu tun, als ob nichts gewesen wäre - und weiterzumachen wie bisher.

Um sich solchen schmerzlichen Erfahrungen nicht ständig aussetzen zu müssen, vermeiden Krisengeschüttelte oft den Kontakt mit anderen. Jede Begegnung mit anderen Menschen wird zu einer ungeheuren Kraftanstrengung - ob im Gottesdienst, beim Einkaufen oder beim Spazierengehen. Jedes Angesprochenwerden weckt wieder Erinnerungen, die die Trauer nur noch verschlimmern. Das Gefühl verstärkt sich, den Schmerz nicht aushalten zu können, davon überrollt und fortgeschwemmt zu werden. Deshalb bleiben viele lieber zu Hause.

An diesem Punkt fangen oft schon die Missverständnisse an. Da werden dann Vorhaltungen gemacht von Menschen aus der Gemeinde: *»Du ziehst dich zu sehr zurück.«* Oder: *»Du brauchst doch die Gemeinschaft.«* Oder: *»Keiner kann Christ sein ohne Gemeinde.«* Oder: *»Du konzentrierst dich zu sehr auf deinen Schmerz - das ist egoistisch.«* Oder: *»Christen verlieren die Hoffnung nie.«* Das alles ist nicht einfühlsam und hilfreich.

Der Rückzug wird oft nicht verstanden oder löst ernsthafte Sorgen bei Mitmenschen aus, ob derjenige oder diejenige nicht mehr normal ist. Doch dieser Rückzug ist notwendig. Es ist ein Schutzraum, den die Seele braucht, um mit dem Geschehen und den damit verbundenen Veränderungen zurechtzukommen.

Trauernde oder Menschen in anderweitigen Umbruchsituationen wollen nicht ständig nach ihrem Ergehen gefragt werden, sie müssten sonst immer wieder dasselbe erzählen und würden sich am liebsten ein Schild um den Hals hängen, auf dem alle wichtigen Informationen zu lesen sind.

Es ist sicher nicht einfach für andere Menschen, mit Krisengeschüttelten richtig umzugehen. Oft wissen solche Menschen selbst nicht, was ihnen jetzt gerade guttut - schweigen können oder reden dürfen.

Es kann für Menschen in Krisen gut sein, sich bewusst Zeiten des Alleinseins zuzugestehen. Alles andere ist oft zu anstrengend und oberflächlich, zu laut und zu wenig rücksichtsvoll.

Zeiten der Einsamkeit sind gut, wenn sie nicht zur Dauerhaltung werden. Es muss ein guter Wechsel entstehen zwischen Rückzug und Gemeinschaft.

Wer aber das Schneckenhaus zum Lebensmuster macht, verschließt sich neuen Erfahrungen und Aufbrüchen.

Selbstmitleid

Selbstmitleid kann ein weiterer typischer Abwehrmechanismus sein: *»Ich armer Mensch, was ich alles erleiden und erdulden muss.«* Dies kann sich zu einem Gefühl der Wertlosigkeit steigern. »*Wenn Gott mir so etwas geschehen lässt, dann kann ich ihm nicht sehr wichtig sein. Gott hat mich vergessen.*«

Aber Selbstmitleid ist sehr gefährlich, weil wir uns damit ständig selbst inszenieren und in den Mittelpunkt setzen. Vor allem am Anfang des Trauerprozesses, wenn alle Menschen einem mit Mitleid oder mit Neugier begegnen, könnte es sich zu einem Mechanismus entwickeln, sich mit Selbstmitleid wichtig zu machen und dann andere Menschen von sich abhängig zu machen. »*Wenn ihr euch nicht um mich kümmert, geht es mir noch schlechter.*« Oder: »*Weil ihr euch nicht mit mir beschäftigt oder mich nicht besucht, fühle ich mich vom Leben abgeschnitten.*«. Auf diese Weise werden andere emotional erpresst.[10] Die Folge sind entweder Einsamkeit, weil andere Menschen bei diesen Spielchen nicht mitmachen und sich zurückziehen oder falsche Machtausübung über andere Menschen. Mit dem Selbstmitleid mache ich mir andere gefügig und beherrsche sie. Solche Beziehungen sind aber nicht wirklich erfüllend und befriedigend.

All die genannten Abwehrreaktionen sind zunächst normal; doch sobald daraus ein Lebensmuster entsteht, werden sie für die Betroffenen gefährlich. Denn nur wenn wir Unsicherheit,

Trauer und Klage zulassen, wird dadurch auch Raum geschaffen für neue Entwicklungen und persönliches Wachstum in unserem Leben.

4. Vom Zerbruch zu neuem Aufbruch

Alle die nun im Folgenden genannten Hilfen laufen nicht immer genau in der hier dargestellten Reihenfolge ab. Sie können auch als konzentrische Kreise verstanden werden, zwischen denen wir hin- und herwandern. Manchmal müssen wir auch einen Punkt überspringen, um später nochmals dorthin zurückzukehren.

Verunsicherung

Wenn wir uns einen Weg aus einer Krise heraus, einen neuen Aufbruch wünschen, müssen wir uns der Verunsicherung stellen, die dadurch in unser Leben eingebrochen ist. Wir müssen anschauen, »was los ist« - und zwar nicht die äußeren Faktoren, sondern, was diese Geschehnisse in uns auslösen. Unser gewohntes Leben wird in seinen Abläufen zum Teil massiv gestört oder ist durcheinandergeraten: Mein ganzer Alltag wird durchgeschüttelt wie in einem Würfelbecher. Alle Abläufe funktionieren nicht mehr. Meine Erklärungsversuche und meine Denkmuster stimmen nicht mehr. Ich fühle mich haltlos, wie ein Blatt, das in einen Wirbelsturm geworfen wurde. Solche Verunsicherungen lösen Ängste aus.

Paul Tournier[11], ein Schweizer Psychoanalytiker, beschreibt diesen Prozess mit einem Bild[12]: Ein Fußgänger will eine Straße überqueren, am Anfang läuft er schnell, und am Schluss auch, aber in der Mitte der Straße zögert er. Am Anfang kann er noch schnell zur Ausgangsposition zurück, falls ein Auto kommt. Die alte Straßenseite gibt ihm noch Halt. Hat er die Mitte bereits überquert, kann er schnell auf die neue Straßenseite zugehen, wenn sich Gefahr nähert. Aber in der Mitte des Weges, da überfällt ihn Unschlüssigkeit und Unsicherheit: *Wohin soll ich gehen, nach vorne oder nach hinten?* Diese Unsicherheit macht Angst.

Der schwierigste Punkt in Veränderungsprozessen ist also die Stelle, an der wir unterwegs sind von einem Ort zum anderen, das Alte bereits losgelassen und das Neue noch nicht ergriffen haben und noch nicht kennen.

Zwischen beiden Stützen, wo das Vertraute nicht mehr zu uns gehört und das Neue noch nicht erreicht ist, da sind Angst, Unsicherheit und Haltlosigkeit. »In der Wegmitte liegt eine Zone der Ungewissheit, wo die Seele zwischen zwei sich widersprechenden Einflüssen steht und gespalten ist.«[13]

Nicht nur in Krisen, auch in alltäglichen Prozessen gibt es solche Verunsicherungen. Wenn wir mittendrin sind zwischen Altem und Neuem, das Kommende noch nicht in Sicht ist, entstehen Unsicherheit, Leere und Ungeborgenheit.

Wenn Menschen vor Umbrüchen stehen und dabei unschlüssig sind, wie sie sich entscheiden sollen, kann der Grund dafür die »Angst vor der Wegmitte« sein.

Dies zeigt sich zum Beispiel dann, wenn wir Besitz nicht loslassen, uns von Gegenständen nicht trennen können, ein Zimmer oder einen Haushalt nicht auflösen wollen. Dabei schwingt immer die Verunsicherung oder Angst mit, dass wir etwas Haltgebendes verlieren, denn an vielen Gegenständen hängen Erinnerungen, die sich mit deren Wegwerfen verlieren.

Die Angst vor der Wegmitte kann sich auch in der Unfähigkeit zeigen, sich für eine neue Arbeitsstelle oder für eine Beziehung zu entscheiden.

Ähnliches erleben Menschen, die durch eine der oben geschilderten Krisen wie Krankheit oder Ehekrise das Gefühl haben, plötzlich ohne innere Stütze dazustehen.

Eine wichtige Gewohnheit bricht weg, ein Ritual ist verloren gegangen, ein Gesprächspartner fehlt. Besonders hart ist diese Erfahrung nach dem Tod eines Menschen, das Alte ist nicht mehr, das Neue ist unbekanntes Land. *Wie wird sich mein Leben verändern und umgestalten? Werde ich jemals wieder glücklich werden?*

So eine »Wegmitte« bringt Ängste, Unsicherheit, Hohlräume, Leerläufe mit sich. Das erleben Mütter, wenn Kinder sich ablösen und selbstständig werden, wenn die bisher erfüllende Aufgabe nicht mehr zum Leben gehört. Solche Verunsicherungen sind anfangs schwer auszuhalten, die Hohlräume fühlen sich wie ein Vakuum an. In der Wegmitte müssen wir warten lernen, unangenehme Gefühle wie Schmerz, Trauer, Langeweile oder Einsamkeit aushalten.

Auf solchen Wegstrecken stellen sich uns wichtige Fragen: *Warum war das Bisherige so wichtig? War es vielleicht auch zu wichtig? Wofür bin ich dankbar? Was möchte ich als Schatz der Erinnerung festhalten? Was kann stattdessen jetzt möglich sein? Kann ich es ersetzen oder will/muss ich die Lücke aushalten? Will dieser Abbruch mich auf eine ganz neue Aufgabe vorbereiten?*

Verunsicherung und kritische Fragen von uns selbst oder von anderen zulassen, unser Leben auf den Prüfstand stellen – all das wird durch eine Krise ausgelöst. Wo wir Menschen haben, denen wir vertrauen können, können wir auch mit diesen darüber reden:. *Was ist mit mir los? Was genau macht mir Angst, was verunsichert mich? Wo muss ich alte Stützen loslassen, um neue Erfahrungen machen zu können? Wo bin ich herausgefordert? Wo muss ich mich hinterfragen? Welche Motive leiteten mich bisher, sind diese noch richtig?*

Wenn wir mitten im Lebensstrom stehen, im alltäglichen Allerlei, verlieren wir oft auch den Kontakt zu diesen wirklich wichtigen Fragen des Lebens. Wenn wir aus dem normalen täglichen Gewühle und Getriebe herausgerissen werden, treffen uns solche existenziellen Fragen schlagartig mit großer Wucht.

Gerade wenn es durch Tiefen geht, zeigt sich, auf welchem Fundament das Leben steht. In den Sturmzeiten des Lebens werden die Fundamente tiefer gelegt.

Das birgt auch eine große Chance. Dinge, die uns tragen, und das, was keinen Halt vermittelt oder nicht verlässlich ist, werden uns ebenso bewusst.

Je mehr wir auf die andere, die neue Seite hinübergehen, desto mehr entdecken wir auch die darin verborgenen Freiräume, die neuen Chancen und Aufgaben, Neues, das unserem Alltag Sinn und Inhalt geben kann.

Aber bevor das Neue kommt, müssen wir das Alte aufgeben. Nicht umgekehrt. Wir hätten es gerne andersherum. Wir wünschen uns, dass wir zuerst das Neue ergreifen können und dann das Alte leichter loslassen können. Aber genau so ist es eben nicht im Leben. Wir müssen immer zuerst das Alte loslassen und durch diese Zone der Ungewissheit in der Wegmitte hindurch.

Paul Tournier sagt dazu: »Das Morgen gleicht dem Gestern nicht und daraus entsteht Angst für das Heute. Jeder Gegenwartsaugenblick ist eine Wegmitte zwischen Vergangenheit und Zukunft.«[14]

Jedes Loslassen, jedes sich auf den Weg machen, jeder Umbruch bedeutet immer ein wenig Sterben. Aber Bleiben und Festhalten wirkt sich ähnlich aus. Wo Veränderung angesagt ist und wir festhalten wollen, ist dies auch wie ein Sterben. Die Zukunft stirbt, die Veränderung kommt nicht zum Zug. Wir bleiben kleben und in Altem verhaftet. Wir bleiben stehen, statt uns fortzubewegen, werden unbeweglich und starr. Wenn wir die Vergangenheit nicht loslassen, werden wir nicht offen für die Zukunft.

Immer wieder kann man solches »Sterben« bei Menschen beobachten, die sich in unguter Weise aneinandergebunden haben, z. B. Eltern und Kinder.

Eine Tochter (etwa Mitte 40) lebt seit ihren Kindheitstagen bei der Mutter, obwohl sie längst erwachsen ist und ein eigenständiges Leben führen könnte. Sie sieht aus wie die jüngere Kopie der Mutter, trägt die gleiche Frisur wie die Mutter, kleidet sich wie die Mutter, spricht wie die Mutter, bewegt sich wie die Mutter.

Anderes Beispiel: *Ein Sohn lebt bei der Mutter, sie kocht, wäscht und putzt für ihn, kauft ein, organisiert Arzttermine. Wie angenehm für beide! Die Mutter hat weiterhin eine wichtige Aufgabe an ihrem Sohn, der Sohn muss sich um nichts Alltägliches kümmern. Würde sich ihr Sohn auf eine Beziehung zu einer Freundin einlassen, wäre das für die Mutter äußerst bedrohlich. Diese könnte ihre Bedeutung infrage stellen. Auch für den Sohn könnte es einige unangenehme Veränderungen mit sich bringen. Er müsste seiner Mutter Grenzen setzen und sich an anderes Essen und andere Haushaltsführung gewöhnen, andere Themen und andere Zeitgestaltung kämen in sein Leben.*

Wie schade für beide. In den genannten Beispielen haben sich beide den Schmerz des Loslassens, die unangenehme Zone der Wegmitte erspart. Beide sind auf der »alten«, vertrauten Straßenseite geblieben. Der Weg auf die andere Seite hinüber schien zu gefährlich.

So haben sie nie die Chance des Neuen entdeckt, sich nie die verunsichernden Brachzeiten zugemutet, in denen wichtige innere Prozesse in Gang kommen.

Das Neue wäre anders, sicher besser als das Vorige geworden - aber die unangenehme Zone der Wegmitte, in der keine Stütze da ist, in der alles ungewohnt ist, neu, unvertraut, hätten sie sich gegenseitig zumuten müssen.

Schmerz und Klage

Zu den Brachzeiten gehört die Trauer und die Klage ganz wesentlich dazu. Trauern ist harte Arbeit und kostet viel Kraft. Die Seele leistet Schwerstarbeit. Den Schmerz wirklich zuzulassen, ihn sich zu erlauben, ist das Schwierigste in Krisen. Das Weinen über Verluste von vertrauten Orten oder von Gesundheit, das Klagen über verlorene Chancen oder Besitz, die Sehnsucht nach bestimmten Gewohnheiten oder nach Menschen, das Eingestehen einer schrecklichen Vergangenheit, das Zerbrechen von Wünschen und Idealen, eine verlorene Zukunft, das Zugeben von Scheitern oder Schuld - das alles ist schwer und tut weh.

Deswegen wehren sich viele Menschen dagegen und lehnen sich auf. Sie haben Angst davor, »fortgeschwemmt« zu werden, sich zu verlieren, die Gefühle nicht mehr im Griff zu haben und flüchten sich deswegen oft in die oben genannten Abwehrreaktionen.

Oder sie lassen den Schmerz in einem falsch verstandenen Glauben nicht an sich heran: *»Ich habe einen starken Glauben, der gibt mir in jeder Situation Halt. Ich muss nicht trauern. Alles ist Gottes Führung und deswegen richtig so.«*

Das ist vom Zielgedanken her nicht falsch, aber in dieser Situation nicht ehrlich und echt. Denn irgendwann tritt das Verdrängte unkontrolliert und mit aller Macht in Form von Depressionen, tagelangen Weinkrämpfen oder in Form von Krankheit, Bitterkeit oder Hass gegen Gott hervor.

Ohne das Zulassen des Schmerzes geschieht keine Veränderung. Trauern setzt einen ganz wichtigen Prozess in Gang. »Augen die geweint haben, sehen besser« - sehen andere Menschen, sich selbst, das Leben und auch Gott besser.

Die Bibel ist voll von Beispielen, wie Menschen trauern und klagen. In den Klageliedern oder in den Psalmen stehen immer wieder solche klagenden Fragen an Gott: *»Herr, meine Seele ist sehr erschrocken. Ach du, Herr, wie lange!« (Psalm 6,4). »Vernimm mein Schreien« (Psalm 5,3). »Du siehst es doch, denn du schaust das Elend und den Jammer, es steht in deinen Händen« (Psalm 10,14). »Herr, wie lange willst du mich so ganz vergessen? Wie lange verbirgst du dein Antlitz vor mir? Wie lange soll ich sorgen in meiner Seele und mich ängsten in meinem Herzen täglich? Wie lange soll sich mein Feind über mich erheben? Schaue doch und erhöre mich, Herr, mein Gott« (Psalm 13,2-4).*

So dürfen auch wir den Schmerz vor Gott ausbreiten, ihn herausschreien – sagen, wie es uns zumute ist und das Bedrängende damit auch loswerden. Wir getrauen uns das oft nicht. Wir denken, wir können nur beten, wenn es uns gut geht. Wir meinen, dass Gott unser Leid nicht hören will. Aber das Gegenteil ist der Fall: Er will uns in jeder Situation auffangen. Wir dürfen die Klage zu Gott bringen und erfahren darin Entlastung unserer Seele. Er will das Zerbrochene heilen. Er umarmt uns in unserem Weinen. Heilung von Verletzungen geschieht immer auch übers Trauern und Weinen, im Sein vor Gott mit unserem Schmerz.

»Aus der Tiefe rufe ich, Herr, zu dir! Herr höre meine Stimme. Lass deine Ohren merken auf die Stimme meines Flehens.«
Psalm 130,1-2

Die Trauerzeit ist immer auch eine einsame Zeit. Der Schmerz tut so weh, dass wir uns zurückziehen müssen wie eine Schnecke in ihr Schneckenhaus, um weinen, schluchzen, zittern, schreien zu können. Durch die Trauer müssen wir alleine durch. Wir brauchen dafür einen Schutzraum und auch verständnisvolle Mitmenschen, die uns nicht dazu drängen, am nächsten Tag schon wieder stark zu sein und alles hinter uns zu lassen. Trauern braucht Zeit.

In der Trauer kann das Aufschreiben von Gefühlen, Fragen, inneren Prozessen ein hilfreicher Markierungspunkt sein. Einen Brief oder einen Aufsatz, ein Gedicht schreiben –

- an Menschen, die wir verloren haben oder denen wir Leid zugefügt haben;
- an einen Täter, der uns geschadet hat;
- über ein Haus, in dem wir gewohnt haben;
- über einen Körperteil, den wir verloren haben;
- über einen Weg, den wir nicht mehr gehen können.

Zu Papier gebrachte Erinnerungen an schöne Zeiten, an einen früheren Wohnort oder an eine Arbeitsstelle, an Erlebnisse mit Kindern sind wie ein inneres Dankbarkeits-Album, das wir immer wieder aufschlagen können.

Aber auch die schmerzlichen und unangenehmen Erinnerungen an Streit, Demütigungen, Missachtung, Fehler, Versagen und Schuld müssen wir zulassen.

Wir sollen sie aber nicht kultivieren und in Selbstmitleid oder Selbstverachtung einmünden lassen, sondern ablegen in den Raum der Vergebung, den Christus uns anbietet.

Gerade auch beim Verlust eines Menschen kann das dankbare Nacherleben der gemeinsamen Zeit und das gleichzeitige Weinen über den Verlust eine große Hilfe sein: Erinnerungen an die letzten Stunden, Tage, Wochen, die letzten Worte, den letzten Blick, den letzten wachen Moment. Erinnerungen an Orte mit besonderen Erlebnissen. Ein Erinnerungs-Album der gemeinsamen Zeit mit Briefen und Fotos kann sehr wertvoll sein. Dabei vergegenwärtigen wir uns immer wieder all das Gute, das wir durch diesen Menschen erfahren haben und können gleichzeitig alle Gefühle zulassen, Schmerz und Trauer oder das Gefühl: *Der oder die Verstorbene ist ganz nah bei mir. Ich kann ihn oder sie fast körperlich spüren*. Oder: *Ich kann mit ihm oder ihr reden und werde verstanden.* Oder: *Es ist so, als ob er oder sie jeden Moment zur Tür hereinkommt und sich zu mir setzt, um mit mir zu reden oder mich zu umarmen.*

Gerade besondere Festtage sind für Trauernde schwer auszuhalten; da kann es besser sein, sich Zeit für sich allein zu nehmen, um mit Vergangenem umzugehen und sich dankbar an schöne Erlebnisse zu erinnern und darüber zu freuen. Solche Erinnerungsmomente sind Schutzräume, denn sie ermöglichen ein Gegengewicht zu dem Schmerz, eine Pause in der Trauer, eine Erholung für die Seele. Im nächsten Moment sind die Erinnerungen dann wieder von intensivem Schmerzerleben und Tränen begleitet. Auch das ist gut und richtig so. Wir dürfen Trauer und Klagen zulassen. Ja, wir brauchen es.

Im Zulassen von Schmerz, im Weinen über den Verlust wird der Verstorbene in meine Gegenwart mit hineingenommen: Wir denken dankbar zurück an die Zeit, die wir mit ihm hatten. Wir freuen uns, dass wir ein Stück Weg miteinander gehen konnten, und wir können auch kommende Erlebnisse in Beziehung setzen zu dem Verstorbenen: *»Wenn er oder sie jetzt dabei wäre, dann würde er oder sie so und so handeln oder Folgendes sagen.«* Wir müssen nicht alles allein entscheiden, sondern können dies auch mit und für den Verstorbenen tun.

Erinnerung ist das Paradies, aus dem wir
nicht vertrieben werden können.
Novalis

Trost

Trosterfahrungen sind schon ein kleiner Blick auf die andere Straßenseite, auf das Neue, das auf uns zukommt. Gott tröstet jeden so, wie er es am ehesten verstehen kann. Trosterfahrungen sind darum bei jedem Menschen anders und ereignen sich oft ganz unerwartet: durch ein Gespräch oder einen Satz, einen schönen Anblick in der Natur oder Kunst, ein Gefühl der Geborgenheit, ein Wort der Bibel, eine Zusage von Vergebung, ein Erlebnis mit einem Menschen. Für Gottes Trösten gibt es keine Gesetze. Wenn aber unser Herz im Schmerz vor Gott geöffnet ist, kann auch sein Trost die tiefen Schichten unserer Seele erreichen.

Manche erleben gerade im Klagen und Leerwerden vor Gott, am Tiefpunkt des Schmerzes, dass sie Gottes Zusagen ganz anders oder neu hören können. Die Psalmbeter können uns dazu Wege eröffnen:

»Und ob ich schon wanderte im finstern Tal, fürchte ich kein Unglück, denn du bist bei mir,

dein Stecken und Stab, trösten mich« (Psalm 23,4).

»Erhöre mich, wenn ich rufe, Gott meiner Gerechtigkeit, der du mich tröstest in Angst« (Psalm 4,2).

»Meine Zuversicht und meine Burg, mein Gott, auf den ich hoffe« (Psalm 91,2).

Solche Gebete der Bibel können in tiefen Stunden unseren Blick immer wieder wegwenden von den negativen Strudeln, die uns in Depression, Selbstmitleid oder Schuldgefühle hinabziehen wollen.

So ähnlich war es auch bei Paulus und Silas, als sie in Philippi ins Gefängnis geworfen wurden. Sie waren »hart geschlagen« worden, hatten vermutlich Blutergüsse oder offene Wunden zu ertragen, wurden in einen Block eingeschraubt, der die Füße fixierte. Das muss eine furchtbar schmerzhafte Erfahrung gewesen sein. Bestimmt haben sie am Anfang geschimpft, gelitten, geklagt. Loblieder kamen ihnen nicht sofort über die Lippen, denn es heißt ausdrücklich: »Um Mitternacht aber beteten Paulus und Silas und lobten Gott« (Apostelgeschichte 16,23-25). Also in der Mitte der Nacht, am Tiefpunkt, fanden sie zum Gebet und dann zum Lob. Das war für sie Trost.

So können Trauerorte nach und nach auch Orte des Trostes werden, in denen Gott redet, uns etwas erfahren oder spüren lässt.

Trauer ist erlaubt, Trauer muss erlebt und erlitten werden, aber die Trauer hat auch eine Begrenzung. Gott will uns nicht im Chaos unserer Gefühle lassen, sondern uns Halt, Trost, Getragensein, Vergebung und neue Perspektiven schenken.

Im Fall eines Todes geschieht Trost immer auch durch das Wissen um einen sicheren Ort für den Verstorbenen.[15] In dem ganzen schmerzhaften Erleben war es für mich persönlich das Tröstlichste, meinen Vater bei Christus zu wissen. Der Friede auf seinem Gesicht, nachdem er gestorben war, hat mir über Monate inneren Halt und Trost gegeben. Ich wusste, dass er bei Christus, seinem Herrn, in der Ewigkeit angekommen ist. Auch die Lieder, die bei der Beerdigung gesungen wurden, waren schon Monate vorher von ihm persönlich ausgesucht worden – »für den Fall seines Todes« – und eine Botschaft an uns, an meine Mutter, an uns Kinder und alle anderen Trauergäste. »Kein Aug' hat je gesehn, kein Ohr hat je gehört solche Freude, drum jauchzen wir und singen dir, das Halleluja für und für.« Die Verse dieses Liedes von Philipp Nicolai gehörten dazu.[16] Zwar war uns nicht nach Jauchzen zumute, ganz im Gegenteil, nicht einmal mitsingen konnten wir, aber ich wusste, dass mein Vater jetzt eine größere Freude erlebt, als wir sie hier auf der Erde nur ahnen können.

Trost war für mich auch der Gedanke: Unser Leben hier ist nicht das Wichtigste, hat nicht die oberste Priorität, die Vollendung unseres Lebens geschieht in der Ewigkeit. Darum kann auch die Trauer vorsichtig in die Vorfreude auf die Ewigkeit und ein Wiedersehen dort einmünden.

Eine Beerdigung kann also auch Trost geben. Sie hat einen ähnlichen Charakter wie eine Taufe oder eine Hochzeit. Durch den öffentlichen Akt wird deutlich: Hier beginnt nun ein neuer Abschnitt.

Ein geliebter Mensch ist gegangen, die Hinterbliebenen sind von nun an auf sich gestellt, sie müssen ihr Leben ganz neu organisieren. Die Anteilnahme anderer kann eine Hilfe sein: *»Du bist hier nicht allein, wir gehen ein Stück des Weges mit dir. Wir verabschieden uns von dem Verstorbenen und setzen damit ein Zeichen der Wertschätzung für diesen Menschen.«*

Die gelesenen Bibeltexte, die Predigt und die Lieder können Ankerpunkte für die Seele werden, die dann auch in den kommenden Wochen und Monaten immer wieder Halt verschaffen. Die Erinnerung daran kann Horizonte über der

Trauer aufreißen, Hoffnungspunkte setzen, auf die man sich immer wieder berufen kann.

Auch Familienrituale können Trost schaffen: sich am Todestag zu Hause oder am Grab versammeln, über den Verstorbenen reden, miteinander einen Psalm beten, sich dankbar oder auch kritisch zurückerinnern. Zu Beginn des Trauerprozesses denkt man normalerweise nur positiv über den Verstorbenen, man idealisiert und überhöht ihn, hat ein schlechtes Gewissen, wenn einem Fehler des Verstorbenen einfallen. Gegen Ende des Trauerprozesses sieht man den Verstorbenen wieder realistischer, nüchterner, kann abwägen, weiß, was gut und schön war an ihm. Aber auch seine Schwachstellen und Grenzen, seine Versäumnisse dürfen wieder gedacht und erwähnt und in den Raum der Vergebung abgelegt werden.

Das ist der tiefste Segen des Leides,
dass es Raum macht für Gott.
Dora Rappard

Andere trösten

Wenn wir Trauernde oder Menschen in Krisen begleiten, ist es gut, manchmal einfach nur mit ihnen zu schweigen und zu weinen, ein Stück

Weg mit ihnen zu gehen: für sie einkaufen oder einen Blumenstrauß vorbeibringen, einen Kuchen backen, mit den Kindern der Betroffenen etwas unternehmen.

Manche Beileidsbezeugungen sind geradezu kränkend. Eine Frau erzählte mir: »*Bei der Beerdigung meines Mannes kam ein Ehepaar zu mir und sagte: ›Alle Dinge müssen denen, die Gott lieben, zum Besten dienen.‹ Ich weiß ja, dass der Satz stimmt, aber in meiner Situation hat mich das tief verletzt. Ich fühlte mich überhaupt nicht verstanden, weggestoßen in meinem Leid.*«

Appelle sind nicht hilfreich: »*Geh zur Kur oder zur Kirche.*« Oder: »*Komm wieder mit zum Kegeln.*« – Oder: »*Lenke dich ab, mach was Lustiges.*« In solchen Ratschlägen zeigt sich oft die Hilflosigkeit von Menschen, die selbst noch nie wirklich schweres Leid erlebt haben und die darum einfach nicht verstehen können, wie tief der Schmerz sitzt und wie schlimm eine solche Erfahrung sein kann. Darum wissen sie auch nicht, dass solche Ratschläge nicht weiterhelfen, sondern verletzen. In Trauergruppen zum Beispiel sind Ratschläge verboten.

Noch schlimmer sind Sätze wie: »*Dein Glaube war falsch. Du hast einen zu kleinen Glauben, nicht richtig gebetet, sonst wärst du nicht in diese Krise geraten.*«

Wenn solches gesagt wird, ist dies vollkommen unbiblisch. Neben vielen anderen Berichten ist Hiob das beste Beispiel dafür, dass wir auch trotz Glauben und Gottesliebe in Leid gestürzt werden können. Es ging ihm gut, er war reich, hatte eine große Familie und vor allem: Er liebte Gott, er hielt seine Gebote. Und doch wurde er von heute auf morgen in tiefes Unglück gestürzt. Er verlor seinen Besitz, seine Kinder, er wurde krank und hatte danach seine Hoffnung verloren. Tiefe Zweifel an Gott plagten ihn. Warum lässt Gott das zu? Diese Frage hat er sich viele Male gestellt, er konnte sich nur noch selbst beklagen und hatte keine Freude mehr am Leben.

Wer anderen sagt, sie hätten einen falschen Glauben, wird schuldig an ihnen. Neben dem erfahrenen Leid kommt dann auch noch der Zweifel an sich selbst und an Gottes Allmacht dazu. Manche Gemeinden wenden sich sogar von Leidtragenden ab, weil sie das Leid anderer als Beweis für deren Gottesferne ansehen.

Wirkliche Hilfe im Leid sind nicht die Starken oder Besserwisser, sondern solche, die selbst um ihre Hilflosigkeit und Bedürftigkeit wissen, die ähnliche Erlebnisse aus eigener Erfahrung kennen und die darum verstehen, mitleiden, ein Stück Weg mitgehen.

Neue Denkmuster

Nach dem Durchleiden von Schmerz, Klage und Trost sehnen wir uns auch nach anderen Erfahrungen und Sichtweisen. Damit diese in uns Raum gewinnen können, müssen wir uns von manchen bisherigen Denkmustern verabschieden, ihnen Einhalt gebieten oder einen bewussten Stopp setzen.

Die »Zeitmaschine« abstellen

Nach Leiderfahrungen, nach Frustrationen oder persönlichem Versagen spielen wir zunächst immer erst einmal »Zeitmaschine«: Wir gehen zurück in die Vergangenheit und meinen, wir hätten das Geschehen beeinflussen können: *»Wenn ich dies oder das getan oder gesagt hätte, dann wäre das nicht passiert.«* Oder: *»Wenn ich ihn noch fünf Minuten aufgehalten hätte ...«*, *»Wenn wir uns für einen anderen Urlaubsort entschieden hätten ...«*; *»Wenn wir einen anderen Arzt aufgesucht hätten ...«*; *»Hätte ich doch besser aufgepasst.«*; *»Gott hat mich vergessen. Dass der andere nicht mehr lebt, ist die Strafe für mein jahrelanges Fehlverhalten.«*

Solche Gedankenspiele sind am Anfang ganz normal und gehören zunächst zu jedem Umbruch oder Veränderungsprozess dazu. Aber wenn diese Gedankenlabyrinthe uns stunden- und tagelang beschäftigen, verhindern sie das Vorwärtsgehen, wir landen immer bei Schuldgefühlen oder Vorwürfen. Darum müssen solche Gedankenspiele beendet werden, ihnen muss ein Stopp gesetzt werden. Was passiert ist, ist passiert. Wir können nicht mehr zurück in das Vorherige. Grübeln und Verhinderungsfantasien helfen nicht weiter.

Viele Prozesse und Entwicklungen des Lebens können wir überhaupt nicht beeinflussen, schon gar nicht den Todeszeitpunkt eines Menschen. Wir Menschen haben »keine Macht über den Tag des Todes« (Prediger Salomo 8,8). Wir stehen hilflos und schwach vor vollendeten Tatsachen und können nichts daran ändern. Gott setzt Anfang und Ende und nicht wir. Mit unserem Sorgen und Planen, Vorwürfen und Anklagen können wir in solche Abläufe nicht eingreifen. Menschen sterben - das sage ich aus ganz persönlicher Betroffenheit - nicht an einer Krankheit oder einem Unfall oder an schuldhaftem Verhalten eines Menschen, sondern am Willen Gottes.

Gottes Wertschätzung erfahren

In Situationen von Versagen, Scheitern oder Beschämung schreiben wir uns häufig selbst die Schuld zu: *»Das ist mir passiert, weil ich es nicht besser verdient habe.«* Oder: *»Ich bin selbst* *schuld, das habe ich nun davon.«* Oder: *»Das war ja klar, dass mir das nicht gelingen kann.«*

Diese negativen Selbstbeurteilungen sind oft Botschaften, die wir schon von klein auf zu hören bekommen haben und die wir uns zu eigen gemacht haben. Doch Gottes Beurteilung über unserem Leben lautet anders: *»Dein Wert hängt nicht von deiner Leistung ab, sondern von meiner Liebe zu dir. Auch in Versagen und Schuld bist du immer noch liebenswürdig und wertvoll, du darfst aus der Vergebung leben.«*

Darum dürfen und sollen wir uns Gottes Urteil über unser Leben aneignen und die alten Denkmuster bewusst verabschieden, damit können wir ein ganz neues Bewusstsein unserer Identität und unseres Wertes entwickeln. Es ist eben nicht wahr, dass mein Wert von Erfolg und meine Wertlosigkeit von Versagen und Schuld bestimmt wird. Wir leben von Gnade, Barmherzigkeit und Vergebung, wir leben von der Chance des Neuanfangs unter Gottes Zusage - jeden Tag.

Auch wenn ich mich in schlimmen Ereignissen zunächst von Gott verlassen und vergessen fühle, liebt er mich trotzdem. Er vergisst mich nicht und er bestraft mich nicht durch mein Schicksal. Vielmehr will er mir gerade in solchen Situationen in besonderer Weise nahe sein und helfen.

Wer in Selbstvorwürfen oder Vorwürfen anderen gegenüber stecken bleibt, kann nicht zur

Trauer und zum Abschied finden und damit auch nicht zu einem neuen Aufbruch. Deswegen müssen diese Denkmuster gestoppt werden.

Vergebung und Versöhnung

Was aber nun, wenn wir tatsächlich schuld sind? Was, wenn wir andere Menschen ins Leid gestürzt haben, wenn wir das Scheitern einer Ehe mitverursacht haben oder schuld sind am Tod oder der Behinderung eines Menschen z. B. durch einen Unfall, eine Unvorsichtigkeit oder durch Abtreibung? An solch einer Schuld kann man so schwer tragen, dass man fast daran zugrunde geht. Eine solches Erlebnis kann eine tiefe Lebenswunde, ein Trauma sein. Die Selbstanklagen und Vorwürfe können das Leben verdunkeln oder auch zu Verzweiflungstaten wie Selbstverstümmelung oder Selbstmord führen.

Doch Gottes Zusage ist eindeutig: Keine Schuld ist so groß, dass Gott sie nicht vergeben könnte. Er nahm unsere Schuld auf sich. Er hat sich aus Liebe auf uns Menschen eingelassen, hat in Jesus den Weg zum Tod am Kreuz gewählt, um uns einen Ausweg aus der Dunkelheit unseres Lebens anzubieten. Durch seine Auferstehung hat er alles Negative und Belastende weggeräumt und uns einen Weg zur Vergebung und zum Neuanfang freigemacht.

Die Strafe liegt auf ihm ... und durch
seine Wunden sind wir geheilt.
Jesaja 53,5

Dies gilt gerade solchen Menschen, die sich selbst nicht vergeben können. Alle verzweifelten Vorwürfe und Selbstanklagen dürfen bei Christus abgelegt werden. Er kann und will auch die schwerste Schuld wegnehmen und die verletzte Seele heilen und neu aufrichten. Christus hat alle Schuld mit in seinen Tod genommen. Er ist vom Alten zum Neuen durchgedrungen, von der einen auf die andere Seite gegangen. Sein Sterben am Kreuz war die »Wegmitte«, die Zone der Ungewissheit, erfüllt von Klage, Schmerz, Leid, Einsamkeit, Verzweiflung: »Mein Gott, warum hast du mich verlassen?« So betet Jesus am Kreuz. Er ist durch Tod und Auferstehung zu der neuen Seite, zum neuen Leben durchgedrungen. Weil er auferstanden ist, dürfen auch wir nochmals neu beginnen.

Er sagt es uns ganz klar zu: »*Das Blut Jesu, seines Sohnes, macht uns rein von aller Sünde. Wenn wir sagen, wir haben keine Sünde, so betrügen wir uns selbst, und die Wahrheit ist nicht in uns.*

Wenn wir aber unsre Sünden bekennen, so ist er treu und gerecht, dass er uns die Sünden vergibt und reinigt uns von aller Ungerechtigkeit« (1. Johannes 1,7-9).

Das gilt jedem Menschen, egal wie groß und schwer die Schuld ist. Wenn wir sie vor Gott bekennen, vergibt er. Das Sterben von Jesus und seine Auferstehung sind Garant für die Gültigkeit der Vergebung.

Die unermessliche Dimension der Vergebung beschreibt Jesus im Gleichnis vom »Schalksknecht« (Matthäus 18,21ff.): Ein Knecht schuldet seinem Herrn eine immense Summe, auf zehntausend Zentner Silber (Talente) belief sich sein Minus, das waren ca. 60 Millionen Tageslöhne, eine unvorstellbar hohe Summe. Die Schulden waren also unbezahlbar. Der Knecht ist verzweifelt und bittet den Herrn um einen Zeitaufschub, aber dieser erlässt ihm die Schulden komplett. Er spricht ihn frei von dieser riesigen Last. Ein Bild für die Schuld, die auf unserem Leben liegt, die wir nicht wiedergutmachen können, die uns von Gott aber einfach abgenommen wird. Was für ein Gefühl von Freiheit und wiedergeschenkter Freude muss das für diesen Mann bedeutet haben. So ist Gott, sagt Jesus. So vergibt er. Das Unbezahlbare bezahlt er.

Was für ein Potenzial schenkt Gott uns damit

über unserem Leben. Damit können wir haushalten, das befreit und eröffnet ganz neue Horizonte.

Vergeben lernen

Doch das Gleichnis, das Jesus erzählt, ist damit nicht zu Ende. Auf der Straße begegnet ebendiesem Mann wiederum einer seiner Schuldner. Dessen Schulden belaufen sich auf 100 Silbergroschen, das sind etwa 100 Tageslöhne. Wenn wir das ins Verhältnis zueinander setzen, hatte der Schalksknecht eine 600 000-fach höhere Schuld. Es wäre so, wie wenn wir 60 Millionen Euro Schulden erlassen bekommen und jemand anderes schuldet uns 100 Euro. Nun sagt aber der Schalksknecht nicht: *»Komm vergiss es, ich habe so viel Entlastung erfahren, ich erlasse dir deine Schuld«*, sondern er würgt den Schuldner, bedrängt ihn also körperlich, nimmt ihm die Luft zum Atmen und lässt ihn, da dieser seiner Forderung nicht gerecht werden kann, ins Gefängnis werfen.

Was für ein Missverhältnis. Der, dem die Gnade gewährt wurde, ist nun seinerseits nicht bereit, seinem Schuldner Schuld zu erlassen.

Jesus erzählt dieses Gleichnis als Antwort auf die Frage des Petrus nach der Vergebung. Möglicherweise fragte Petrus aus einer frustrierenden und bitteren Erfahrung heraus: *»Herr wie oft* *muss ich denn meinem Bruder, der an mir sündigt, vergeben? Genügt es siebenmal?*«, der Satz von Petrus weitergedacht würde dann vermutlich so lauten: *Nach siebenmal ist es doch wirklich genug, danach bin ich nicht mehr bereit, auf den anderen zuzugehen.*

Jesus antwortet ihm: Für Vergebung gibt es keine Begrenzung, »nicht siebenmal, sondern sieben mal siebzig Mal«, was nach biblischem Verständnis so viel bedeutet wie unendlich oft. Diese Aussage verstärkt Jesus mit der Erzählung des Gleichnisses: So wie uns grenzenlos vergeben wird, so sollen auch wir unseren Mitmenschen vergeben – immer und immer wieder.

Wir verhalten uns oft ganz ähnlich wie der von Jesus beschriebene Mann. Nach schlimmen Ereignissen haben wir ganz schnell einen Schuldigen dafür gefunden:
Der Arzt, der eine falsche Diagnose gestellt hat.
Die Lehrerin, die falsche Noten gegeben hat.
Der Autofahrer oder Zugführer, der nicht aufgepasst hat.
Das Sicherheitspersonal, das nachlässig kontrolliert hat.
Die Frau oder der Mann, der/die sich in die Ehe eingeschlichen hat.
Der Arbeitgeber, der mich entlassen hat.
Die Kinder, die sich nicht um mich kümmern.

Die Eltern, die mich falsch erzogen haben.
Usw.

Schuldzuweisungen sind bequem, aber auch gefährlich. Sie helfen überhaupt nicht weiter, sondern binden uns in negativer Weise in Hass und Rachefantasien, in Wut oder Bitterkeit. Sie machen uns unmündig und unreif und letztlich zum Opfer der Situation. Wir sind auf die angeblichen Verursacher unseres Leids negativ fixiert. Wir gestehen ihnen zu viel Raum in unserem Denken und Empfinden zu, wir sind an sie gebunden. Wir stellen Bedingungen an unsere Vergebungsbereitschaft: *»Bevor ich vergebe, sollte sich der andere zuerst bei mir entschuldigen. Erst muss dieser merken, wie tief ich verletzt bin. Erst muss er oder sie reumütig zu mir kommen und mich um Vergebung anflehen. Dann kann ich mir überlegen, ob ich vielleicht Vergebung gewähre.«* Da dies aber in aller Regel nicht geschieht, sind wir nicht bereit zu vergeben. Die, die uns verletzt oder etwas Schlimmes verursacht haben, bemerken selten oder nie, dass sie sich uns gegenüber falsch verhalten haben. Deswegen kommen sie auch gar nicht auf die Idee, sich bei uns entschuldigen zu müssen.

Das wiederum scheint für uns eine Berechtigung zu sein, in unseren Vorwürfen zu verharren, und so stehen wir in der Gefahr, zu verbittern.

Wer der Bitterkeit im Herzen Raum gibt, wird schnell davon gefangenen genommen. Bittere Gedanken im Herzen sind wie Pflanzen, die sich durch Wurzelvermehrung fortpflanzen. Bitterkeit vergiftet unser Herz nach und nach. Davor müssen wir uns schützen - schon um unserer selbst willen, aber auch um derentwillen, die mit uns zusammenleben. »Seht darauf, ... dass nicht etwa eine bittere Wurzel aufwachse und Unfrieden anrichte und viele durch sie unrein werden« (Hebräer 12,15)

Gott hat anderes mit uns vor: Freude und Freiheit, die Fähigkeit zu lieben und zu verzeihen. Genau deswegen ermahnt uns Gott zur Vergebung. Vergebung braucht die Bereitschaft zum ersten Schritt. Auf den anderen zugehen, obwohl dieser nicht merkt, was er uns angetan hat. Dem anderen verzeihen, ohne dass dieser sich so verhält, wie ich es gerne hätte, das Herz freimachen von Vorwürfen - bedingungslos.

Vergeben geht in die Tiefe

Doch was ist, wenn das, was ich vergeben habe, immer wieder auftaucht? Diese Erfahrung ist nicht selten. Manche meinen dann: *»Ich bin ein nachtragender Mensch.«* Oder: *»Mit meinem Glauben kann es nicht weit her sein, wenn ich schon wieder die Vergangenheit ausgrabe.«* Solche Selbstbezichtigungen können einen Teufelskreis zur Folge haben: *»Ich muss noch mehr beten, noch mehr im Glauben erreichen, nochmals in die Seelsorge, wieder und wieder beichten.«*

Solche Erfahrungen sind ein Zeichen dafür, dass die Vergebung die wirklich betroffene oder verletzte Schicht meiner Seele noch gar nicht erreicht hat. Auch in der Seelsorge wird manchmal zu schnell der Rat zur Vergebung gegeben. Der Schmerz, um den es geht, wird nicht angeschaut. Doch dann geschieht Vergeben nur an der Oberfläche, im Kopf, aber das Herz kommt noch nicht mit. Vergeben ist dann echt und ehrlich, wenn wir auch wissen, was wir vergeben, wenn wir durch den Tunnel von Trauer und Klage gegangen sind. Dann erreicht Vergeben auch unsere Gefühle, weil Gott an die wirklich verletzten Stellen hinschauen darf. Solches sich Öffnen führt zu einer tiefen Hingabe des Lebens, zu einer Auslieferung an Gott.

Je mehr uns die unendlich große Dimension der Vergebung Gottes über unserem Leben deutlich wird und je mehr wir Heilung erfahren, desto weniger müssen wir nachtragend, kleinkariert und rechthaberisch sein. Vielmehr wird es uns nach so einer Erfahrung zu einem echten Bedürfnis, anderen vergeben zu können.

Im Vaterunser wird dieser Zusammenhang zwischen Vergebung gewähren und Vergebung empfangen deutlich: »Und vergib uns unsere Schuld, wie auch wie vergeben unsern Schuldigern« (Matthäus 6,12).

Vergebung ist wie ein geöffnetes Fenster, das frische Luft in unser Leben herein und den alten Mief verschwinden lässt. Die Vergebung, die wir erfahren haben, kann uns helfen, andere Menschen unter einem neuen Blickwinkel zu sehen: egal wie schwer mir andere das Leben machen oder wie unmöglich sie sich verhalten - sie sind von Gott geliebte Menschen. Für jeden und jede ist Christus ans Kreuz gegangen und gestorben. Die Kraft der Auferstehung ist Angebot an jeden einzelnen Menschen.

Auf dieser Grundlage können wir uns dann auch ganz bewusst entscheiden zu vergeben. Dies ist auch dann möglich, wenn der/die Schuldige durch Wegzug oder Tod aus meinem Lebensumfeld verschwunden ist. Es kann eine Hilfe sein, diesem Menschen einen Brief zu schreiben oder in Gedanken vor ihn oder sie zu treten und Vergebung zu formulieren: *»Ich vergebe dir. Alles, was du mir angetan hast, lege ich vor Gott ab. Es belastet mich nicht mehr und ich will auch dich nicht mehr damit belasten.«*

Es kann auch hilfreich sein, mit einem anderen Christen gemeinsam die belastenden Gedanken vor Gott zu bringen, sie auszusprechen, abzulegen und sich die Vergebung im Namen von Jesus zusprechen zu lassen.

Auch das Beten für Täter kann uns helfen, souveräner zu werden und sich aus den emotionalen Verwicklungen zu lösen. So finden wir heraus aus der passiven Opfer-Rolle und können neue Sicherheit und neue Handlungsmuster gewinnen.

Herr Jesus Christus,
ich nehme Abschied von Vergangenem
und Gewesenem.
Kein »Hätte ich doch ...«, kein »Wäre ich doch ...«
und auch kein »Würde ich doch ...« mehr.
Sondern deine Vergebung, die die Schuld der
Vergangenheit zudeckt und mich neu ausrichtet.
Den Blick auf dich, Herr Jesus Christus, gerichtet
und dieses »Du bist dennoch!«
auf den Lippen und im Herzen.
Hinein in eine neue Zukunft – umgeben von deiner
Vergebung, in der festen Hoffnung, dass du Neues
schaffen wirst. Ich danke dir jetzt schon dafür.
A.W.

Veränderung und Aufbruch

Nach Krisen kann sich das Leben in einer neuen, anderen und auch vielschichtigeren Weise als vorher entfalten. Durchstandene Krisen machen uns nicht schwächer oder ärmer, sondern lassen uns wachsen und reifen.

Vulkaninseln können dafür ein gutes Bild sein.

Ein Vulkanausbruch zerstört und verbrennt sehr vieles, verletzte und leblose Erde ist das Ergebnis. So fühlen wir uns nach manchen Lebenskrisen: ausgebrannt und tot. Doch schon nach wenigen Jahren entsteht auf einer Vulkanlandschaft erstes Leben. Flechten wachsen, die wiederum den Boden für weitere Vegetation liefern. Die darunterliegende Lava ist eine fruchtbare Grundlage für weiteres Wachstum. So ist das in unserem Leben auch. Wo zunächst alles nur wie tot und zerstört aussieht, erkennen wir im Rückblick eine Grundlage für intensives Wachstum.

So kann und will Gott auch in unserem Leben aus der verbrannten Erde Neues wachsen lassen. Das, was uns zunächst wie das Ende erscheint, hoffnungslos und zukunftslos, war schon - so erkennen wir im Rückblick - die Grundlage für eine neue Zukunft.

Zum Ja finden

Die lebensverändernde Kraft von Krisen ist auch Gegenstand eines neuen Forschungsgebietes der Psychologie: posttraumatisches Wachstum.[17] Die ersten Ergebnisse bestätigen, dass es wahrscheinlicher ist, dass Menschen an Krisen wachsen, als dass sie daran zerbrechen. Viele Eigenschaften wie Mitgefühl, Weisheit, Hilfsbereitschaft und auch Kreativität werden oftmals erst durch Zerbrüche und Krisen zum Leben erweckt.

Man muss willens sein, diesen Prozess auf sich zu nehmen, sich darauf einzulassen, und genau dies ist der Unterschied zwischen Menschen, die durch Krisen aus der Bahn geworfen werden oder gestärkt daraus hervorgehen.

Egal, wie die Veränderung aussieht, wir finden nur dann zu neuen Aufbrüchen, wenn wir »Ja« sagen zu dem, wie das Leben jetzt aussieht.

Dies kann, je nachdem wie tief die Erschütterung unserer Seele war, lange Zeit dauern - vor allem nach dem Tod eines geliebten Menschen oder auch nach einem tiefen Scheitern von Lebensentwürfen oder -zielen. Je tiefer wir betroffen sind, desto mehr Zeit brauchen wir dafür, aber das Ziel muss sein, das Neue zu akzeptieren.

Neue Sicherheit

Irgendwann kommt der Zeitpunkt, an dem wir sozusagen »auf der anderen Straßenseite« angekommen sind.

Wir gewinnen in dem bisher Unvertrauten neue Sicherheit, wir gewöhnen uns an das Neue. Die Tagesabläufe gestalten sich vielleicht komplett anders als zuvor. Neue Freundschaften werden möglich. Bisher unentwickelte Talente entfalten sich, neue Aufgaben kommen auf uns zu. Wir können wieder positiv an die Zukunft denken, wieder Pläne machen, eigene Schritte wagen, uns wieder am Leben freuen, ja sogar zufrieden werden mit dem, wie es jetzt ist.

Dankbarkeit

Die Dankbarkeit ist wie ein Spiegel der Tiefe, die wir durchschritten haben. Vieles nehmen wir nicht mehr so selbstverständlich hin. Wir können uns mehr an Kleinigkeiten freuen, empfinden manches intensiver als zuvor.

Dankbarkeit kann gerade auch beim Verlust eines Menschen zu neuen Aufbrüchen helfen. Die bisherigen, gewohnten und vertrauten Formen des Umgangs sind nicht mehr möglich, diese muss ich loslassen. Aber die dankbaren Erinnerungen gehören dazu und gehören von nun an als fester Bestandteil meines Lebens zu mir.

Die Dankbarkeit
verwandelt die Qual der Erinnerung
in eine stille Freude.
Dietrich Bonhoeffer

Im Rückblick werden wir vielleicht sogar sagen können: *»Ich danke Gott für diese schwere Zeit.«* Zu dieser Erkenntnis müssen wir aber immer selbst kommen, das können andere uns nicht sagen. Das wäre lieblos und zu allem Leid noch zusätzlich verletzend. Erst im Rückblick erkennen wir den Sinn solcher Zeiten: *»Ohne diese Krise wäre ich nicht zur Besinnung gekommen.«* Oder: *»Ohne diese Krankheit hätte ich Gott nicht kennengelernt.«* Oder: *»Im Rückblick erkenne ich, dass diese Krise in meinem Leben meine Rettung war.«*

Neue Sichtweisen

Durch Krisen gewinnen wir eine neue Sichtweise **auf das Leben,** einen realistischeren, ehrlicheren, weisen Blick: Das Leben ist nicht so, wie ich es mir vorstelle, aber es ist deswegen nicht schlechter für mich, sondern eben anders. Zum Leben gehören auch die Schattenseiten und der Tod dazu. Trotzdem ist in all dem Gottes Weisheit und seine Liebe am Werk. Er liebt mich auch in den Tiefen und hält mich.

Wir bekommen auch einen **neuen Blick auf uns selbst.** Solange in unserem Leben alles funktioniert und klappt, alles am Schnürchen läuft und alle unsere Vorstellungen und Pläne in Erfüllung gehen, sind wir manchmal in der Gefahr, unbarmherzig mit anderen Menschen, zu selbstsicher oder sogar selbstgerecht zu werden oder vielleicht auch Gott nicht zu brauchen. Wo wir aber an unsere Grenzen geführt werden, werden wir demütig. Vielleicht sind wir entsetzt darüber, wie wir uns in schwierigen Situationen verhalten haben: *»Dass ich so hysterisch werden kann, hätte ich nicht von mir gedacht.«* Oder: *»Ich habe im ersten Moment nur an mich gedacht und schäme mich dafür.«*

Oder: *»Durch diese Krise wurde mir bewusst, dass ich viel zu sehr auf mich fixiert war, meine oberste Priorität war nicht Gott, sondern meine Verwirklichung.«*

Durch Krise und Leid werden wir ehrlicher und echter, verlieren Selbstüberschätzung und Stolz, werden barmherziger mit anderen Menschen.

Wir gewinnen darum auch eine **neue Sicht auf andere Menschen.** Wenn es uns gut geht, sind wir oft schnell in unserem Urteil über andere. Wir haben kein Verständnis für deren Probleme mit Kindern oder in der Ehe. Wir schütteln den Kopf, wenn diese in der Haushaltsführung chaotisch oder anderweitig auffällig sind. Doch wenn wir selbst in Lebensstrudel geraten, uns die Kraft fehlt, Sicherheiten wegbrechen, Ereignisse uns fassungslos machen, verstehen wir andere Menschen besser. Weil wir nun selbst in ähnliche Situationen geraten sind, fühlen wir uns nicht mehr berechtigt, über diese zu richten oder herzuziehen, ja vielleicht schämen wir uns über manches Urteil, das wir früher vorschnell gefällt haben.

Wir bekommen eine **neue Sicht auf Gott**. Gott ist nicht der Automat, in den wir oben ein Gebet einwerfen und unten kommt das Ergebnis nach unsern Wünschen heraus. Gott handelt oft anders, als wir uns das wünschen.

Er ist selbst der Leidende, der den Weg durch Einsamkeit in Gethsemane und im Gefängnis, durch Verachtung, Verspottung bis in den Tod am Kreuz gegangen ist. Darum kann er uns gerade im tiefsten Leid ganz besonders nah sein. Kein Leid ist so groß, dass Christus nicht neben uns, bei uns sein, uns trösten und mit uns durch das finstere Tal gehen und uns aus den Dunkelheiten und Ängsten unseres Lebens auch wieder herausführen kann.

Christus hat mit unserem Leben ein Ziel und will in guten und schweren Zeiten bei uns sein. Er will, dass wir uns immer wieder neu für ihn öffnen und dadurch reifen und wachsen. Dazu gehören auch die schmerzhaften Prozesse, aber Christus möchte mit uns sein – bis zum Schluss.

Siehe ich bin bei euch alle
Tage bis an der Welt Ende.
Matthäus 28,20

Bei Gott ist das Leid nie das Letzte.

Das Letzte ist die Herrlichkeit, zu der wir eingeladen sind und auf die wir zugehen dürfen.

Krisen verändern uns und binden uns immer fester an Christus. Persönlich bin ich durch viele Krisen tief gesegnet worden. Dies habe ich aber immer erst im Rückblick erkannt. In den Leiderfahrungen selbst habe ich gelitten, mich gewehrt und wollte so schnell wie möglich heraus. Aber erst das Durchstehen und Durchleiden stärkt unsere Persönlichkeit und lässt unseren Glauben tiefer und echter werden.

Römer 5,4-5: »Geduld aber bringt Bewährung, Bewährung aber Hoffnung. Hoffnung aber lässt nicht zuschanden werden.«

Diese Hoffnung will Gott in unser Herz senken - jeden Tag neu.

5. Zusammenfassung

Am Gleichnis des verlorenen Sohnes (Lukas 15,11-24) können wir all die vorhin aufgezeigten Schritte vom Zerbruch zum Aufbruch sehen.

Er verlässt sein Vaterhaus, hat dadurch, dass er sein Erbe ausgezahlt bekam, beste Bedingungen für ein gelingendes Leben. Doch er verspielt sein Geld, er »verprasst« es, landet in der Gosse als Schweinehirt.

1. In dieser **Verunsicherung** schaut er sein Leben nüchtern und realistisch an. Eine tiefe Beschämung für einen Juden, denn im Kontakt mit Schweinen verunreinigte er sich ständig. Schweinehirten rangierten auf der sozialen Skala ganz unten, tiefer konnte er nicht mehr sinken. Alle vorherigen Möglichkeiten der Lebensgestaltung waren ihm genommen, alle Ideale zerbrochen.

2. Er geht in sich, bereut zutiefst und **trauert** um das, was er verloren hat: seine Heimat, seinen Vater, seine Möglichkeit zu einem würdevollen Leben. Er beschließt umzukehren in dem Wissen darum, dass er die Würde der Sohnschaft für immer verspielt hat. Denn wer sich das Erbe bei Lebzeiten des Vaters auszahlen ließ, erklärte damals den Vater für tot.

3. Auf dem Heimweg geschieht das Unglaubliche: Er wird vom Vater schon von Weitem entdeckt. Den Vater jammert es beim Anblick seines Sohnes. Der Schmerz sticht ihn tief in seiner Seele. Statt sich in Verachtung von dem stinkenden, verlumpten Sohn abzuwenden, läuft er ihm entgegen und umarmt ihn. Was für ein Erbarmen, was für ein **Trost.**

4. Der Sohn bekennt vor dem Vater seine Schuld. Zugleich steht er zu den Konsequenzen seines Handelns: *»Ich bin es nicht mehr wert dein Sohn zu heißen«*, doch er hört die **neue Botschaft** des Vaters: »Dieser ist mein Sohn!«

5. Er wird vom Vater neu eingekleidet, bekommt einen Ring als äußeres Zeichen dafür, dass er wieder als Sohn angenommen ist, aufgewertet wird. Damit macht der Vater seine **Vergebung** sichtbar.

6. Der Vater gibt seiner Freude über den wiedergefundenen Sohn Ausdruck, indem er ein Fest feiern lässt. Für den Sohn ein völliger Neubeginn, ein **Aufbruch**, ein Neuanfang nach Elend, Verzweiflung, Beschämung und Schuld.

Anhang: Heilung von Traumata der Kindheit

Auch Menschen mit schweren Kindheitstraumata können Heilung erfahren. Sie können von den tiefen Zerbrüchen zu neuen Aufbrüchen finden. Die hier folgenden Ausführungen sind nur eine erste Einführung. Die genannten Symptome können, müssen aber nicht allein die Folgen eines Traumas sein. Im Zweifelsfall sollten davon Betroffene professionelle Hilfe suchen, um das abzuklären.

Das Leben traumatisierter Menschen stellt sich oft stark reduziert und eingeschränkt dar: durch einen zurückgezogenen Lebensstil, ein ängstliches und unsicheres Lebensgefühl begleitet von Misstrauen, Scham und Angst anderen Menschen gegenüber. Auch Rituale und Zwänge, die das Leben lebbar und angeblich sicher machen, gehören zu den Verhaltensmustern solcher Menschen dazu. Die Folgen sind ein gestörtes Selbstwertgefühl, Schuldgefühle, Selbsthass, innere Unruhe, Wutausbrüche, starke Empfindlichkeit, Gefühl von ständiger Ohnmacht, Angstzustände, immer wiederkehrende Albträume, Selbstverstümmelungen, Schwierigkeiten, die eigenen Gefühle zu erkennen bis hin zu Gefühllosigkeit und unkontrollierten Gefühlen (»die Haut fühlt sich an wie Schmirgelpapier«), immer wiederkehrende Selbstmordgedanken oder -versuche, keine Erinnerung an die Kindheit unter zehn Jahren oder an den ersten Geschlechtsverkehr.

Die Vergangenheit hat dem Leben eine schwere Bürde aufgeladen. Die Überlebensstrategien, die solche Menschen entwickeln, um irgendwie existieren, manchmal auch nur »vegetieren« zu können, geben zugleich Sicherheit und einen Rahmen, aber sie schränken das Leben auch massiv ein.

Sich der Vergangenheit zu stellen und sich auf den Weg zu machen, um nach Heilung zu suchen, kostet viel Kraft und macht Angst, denn man muss sich aus den bisher gültigen Lebensmustern lösen.

Aber ohne den Aufbruch auf die andere Seite wird sich das Leben nicht ändern. Deswegen sind gerade die ersten Schritte auf die andere Seite für Traumatisierte besonders schwer und zugleich extrem wichtig.

Vergangenheit anschauen

Bei Traumatisierten wird das Erzählen oder das Aufschreiben der Erinnerung als Therapie eingesetzt, denn dadurch wird das Ereignis zur Vergangenheit, bekommt einen abgeschlossenen Rahmen, verliert seine bedrängende und beängstigende Wirkung.[18] Im Schreiben oder Erzählen gewinnen sie Abstand und können das Geschehen als Teil der Vergangenheit und nicht mehr als Gegenwart betrachten. Dabei kann ein ganz einfacher Vorgang eine große Hilfe sein: Das Geschriebene wird zugeklappt und ganz bewusst, energisch und geräuschvoll eingeschlossen. Das Achten auf die Geräusche beim Zuschließen und das Verwahren des Schlüssels an einem anderen Ort machen deutlich, dass die Erinnerung nicht ständig präsent sein muss, sondern weggeschlossen werden kann.[19] Traumatisierte müssen sich wieder sicher fühlen können. In Gesprächen oder in einer Therapie ist deswegen der erste Ansatz immer, den Betroffenen einen sicheren, geborgenen Ort zu eröffnen, an den sie immer wieder zurückkehren können. Dies kann eine Beziehung zu einem Menschen sein oder auch ein Ort der inneren Vorstellung, in den nichts Störendes von außen hereinbrechen kann. Von dort aus können sie dann das Erlebte anschauen, benennen, beklagen, darüber trauern und weinen, manches auch erklären, neu in ihr Leben einordnen. Mit jedem erneuten Erzählen verliert die Erinnerung mehr und mehr an Schrecklichem und Bedrohlichem.

Allerdings haben schwer Traumatisierte oft eine Erinnerungssperre: die Seele schützt sich, indem sie uns allzu schlimme Erlebnisse und Erfahrungen vergessen oder besser verdrängen lässt - zum Schutz vor den Gefühlen der Trauer und des Schmerzes.

Aber wer Heilung will, muss sich erinnern - nicht bis ins kleinste Detail, doch so, dass das Wesentliche wieder im Bewusstsein ist. Vieles von dem, was vergessen und verdrängt ist, würde Menschen umwerfen, wenn es ihnen schlagartig in der ganzen Brutalität bewusst würde. Darum hat unsere Seele Mechanismen entwickelt, uns solche Dinge ganz schnell wieder vergessen zu lassen.

Eine Frau erzählte von einem Erlebnis, das ihre Tochter mit ihrem Vater hatte. Der Vater hatte die Tochter in sexueller Absicht bedrängt und abends erzählte es die Tochter weinend ihrer Mutter. Drei Tage später sprach die Mutter die Tochter nochmals auf dieses Erlebnis an, doch die Tochter wusste nichts mehr davon. Sie hatte es schon nach drei Tagen verdrängt, um das Schreckliche nicht wahrhaben zu müssen.

Solange schlimme Ereignisse verdrängt sind, haben sie Macht über uns durch unser Unterbewusstsein.

Erinnerungslücken führen häufig auch dazu, dass sexuell Missbrauchte wieder Täter heiraten, die dann die eigenen Töchter missbrauchen. Da solche Mütter nie gelernt haben, solchen Gewalterfahrungen Grenzen zu setzen, können sie auch den Missbrauch bei den Töchtern nicht stoppen oder möglicherweise nicht einmal wahrnehmen.

Die Verletzungen der Vergangenheit verlieren erst ihre Macht, wenn wir sie benennen können. Wenn wir uns erinnern können und die einschneidend verletzenden Erlebnisse neu und bewusst in unsere Lebensgeschichte so einordnen können, dass uns das Schreckliche nicht mehr beherrschen oder überwältigen muss.

Doch wie können Menschen erinnerungsfähig werden? Oft geht das nur in einem seelsorgerlichen oder therapeutischen Gespräch, in dem andere Menschen Sicherheit vermitteln: *»Ich habe keine Angst vor dem, was du mir Schlimmes erzählen wirst. Hier ist Raum, alles zu äußern.«* Und auch: *»Ich helfe dir, von einem sicheren Ort aus zu deinen Erinnerungen zurückzufinden.«*

Einige Hilfestellungen, wie Erinnerungen zurückkehren können:

- **Träume aufschreiben**: Dazu sind Notizblock und Stift neben dem Bett hilfreich. Denn was wir nicht sofort aufschreiben, haben wir am nächsten Morgen vergessen.

- **Fotoalben anschauen** und erzählen, was passiert ist, bevor oder nachdem das Bild geknipst wurde, was räumlich neben, über, hinter, unter dem Bild war. Oft wird so der zeitliche, räumliche und emotionale Rahmen des Bildes erweitert und Erinnerungen kehren zurück.
- **Gespräche mit Familienangehörigen** erschließen möglicherweise ganz neue Bereiche der Vergangenheit.
- **Alte Briefe oder Tagebücher** von Angehörigen können sehr aufschlussreich sein.
- **Zurückkehren** an Orte, die unangenehme Gefühle in uns auslösen. Dazu brauchen wir aber jemanden, der mitgeht und dabeibleibt, wenn Erinnerungen übermächtig werden.

Für solche Erinnerungen brauchen Menschen oft professionelle Hilfe, denn die Gefahr besteht, dass es in einem solchen Prozess zu einer Re-Traumatisierung kommen kann, dass also die Erfahrungen übermächtig zurückkehren und sich schlimmer als bei der ersten Traumatisierung manifestieren. Erinnerungen müssen so behutsam zugelassen werden, dass die Betroffenen immer wieder an ihren sicheren inneren Ort zurückkehren können.

Das Erinnern ist oft ein langer und sehr mühevoller Prozess, der sich über Jahre hinziehen kann.

Wenn Menschen dann aber erkennen, was mit ihnen geschehen ist, dann sind die ersten Gefühle oft Verleugnung: *»Das kann nicht sein, dass mir das passiert ist.«* Oder auch Beschönigen: *»So schlimm wird es schon nicht gewesen sein.«* Genau solche Formulierungen bekommen Betroffene dann auch in ihrem Umfeld von Verwandten oder Freunden zu hören. Solche Rückmeldungen sind nicht hilfreich, weil sie Wege zur Heilung verhindern. Wird das ganze Ausmaß der Traumatisierung aber bewusst, treten als Erstes all die genannten Abwehrmechanismen auf den Plan: Entsetzen, Scham, Aggression oder Wut. Es kann wichtig sein, Wut zuzulassen über all dem, was da geschehen ist. Allein schon das kann ein schwieriger Lernprozess sein. Aber bei der Wut dürfen wir nicht stehen bleiben, sondern Heilung geschieht, wenn wir die hinter der Wut verborgenen Gefühle entdecken: Schmerz, Klage und Trauer.

Trauer und Klage

Das Vordringen zu den Gefühlen der Trauer und des Verlorenseins ist der wichtigste und zugleich der schwierigste Schritt im Heilungsprozess. Spätestens hier wehren sich viele Menschen gegen ihre Heilung. Denn Aggression und Wut sind viel schönere Gefühle als Trauer und Schmerz.

Solange ich noch wütend und aggressiv bin, lasse ich den tiefsten Schmerz noch nicht an mich heran. In der Aggression bin ich noch selbst aktiv, ich beherrsche das Geschehen noch, wenn auch im Negativen. Aber wenn ich anfange zu trauern, dann bin ich oft hilflos und ohnmächtig, fühle mich verloren. Trauern tut viel mehr weh als Wut. Aber Heilung geschieht nur über die Trauer. Eine Frau, die als Kind jahrelang sexuell missbraucht wurde, sagte: »*Ich habe alles aufgedeckt, was in meiner Kindheit war. Alle Geschichten, die mir in Erinnerung waren, aufgeschrieben und dennoch holt mich die Vergangenheit in meinen Träumen und in meinen Ängsten ständig wieder ein. Gibt es überhaupt Heilung für mich? War nicht alles, was ich bisher getan habe umsonst?*« Darauf sagte ich ihr: »*Sie müssen anfangen, über die vielen Verlusten, die Sie in Ihrer Kindheit erlebt haben, zu trauern. Sie müssen lernen, statt Wut und Aggression Trauer zuzulassen. Trauer über die verlorene Kindheit, darüber, dass Sie nie Vertrauen zu Ihren Eltern haben konnten, nie eine positive Beziehung zu Ihrem Frausein und Ihrem Körper aufbauen konnten. Sie müssen lernen, über all dem Schlimmen zu weinen, das Sie erlebt haben. Dann wird Ihr Heilungsprozess voranschreiten.*« Ihre Antwort war interessant. Sie antwortete so trotzig wie ein kleines Kind – bis in die Körperhaltung hinein: »*Nein, Trauer – das will ich nicht und das brauche ich nicht. Das ist kein Thema für mich.*« Trotz der anfänglichen Abwehr hat sie sich dann darauf eingelassen, hat einige Trauerseminare besucht und konnte genau darin wichtige Schritte der Heilung gehen.

Trost

Die Trost-Orte sind oft zuerst Trauer- und Klageorte. Dort können Sie die Erfahrung machen: Ich darf alles vor Gott ausbreiten und herausklagen. Er ist stärker als die Verwundungen der Kindheit. Er kann mir zu Mutter und zum Vater im guten Sinn werden. Er kann mir das schenken, was mir damals gefehlt hat. Er kann das innere emotionale Loch ausfüllen. Er kann und er will die verwundeten Gefühle heilen, er will mir weinendem Kind die Tränen abwischen – und er tut es. Seine Liebe hat die Macht, alle seelischen Verletzungen zu heilen. Wo vorher nur emotionales Chaos und Wut, Verwirrung und Hilflosigkeit waren, kann und will er eine neue Kraft der Hoffnung und der Liebe in unserer Seele wachsen lassen. Er kann alles gutmachen.

Eine als Kind sexuell missbrauchte Frau erzählte: »*Ich habe jetzt einen richtigen Vater, den Vater im Himmel, der ist gut zu mir, er liebt mich wirklich.*«

Sie hat durch die tröstende Liebe Gottes Heilung ihrer Seele erfahren. Die Begleitung durch erfahrene Menschen kann in solch einem Heilungsprozess eine wichtige Stütze und ein Trost sein, wenn sie vermitteln: *»Auch das Allerschlimmste, was du erlebt hast, entwertet dich nicht. Deine Erlebnisse haben nicht das letzte Wort und deine Erfahrungen nicht das letzte Urteil über dein Leben. Du bist dennoch geliebt, auch wenn du dich selbst schmutzig und wertlos fühlst.«*

Gott will heilen. Er ist in Christus auf diese Erde gekommen, um uns von der inneren Zerbrochenheit zu heilen. Keine Verletzung ist so tief, dass er sie nicht reinwaschen könnte. Er hat für uns geblutet, sich für uns verletzen lassen, um unsere Verletzungen zu heilen. Er kann befreien von Schuldverstrickung und den Mächten der Finsternis.

Neue Denkmuster

Die alten Denkmuster lauten:

»Ich bin selbst schuld an dem, dass mir das geschehen ist. Ich bin so schmutzig innen und außen. Mir geschieht ganz recht, was man mir angetan hat.«

Solche Grenzüberschreitungen im Denken

müssen gestoppt werden. Es stimmt eben nicht, dass solche Menschen selbst daran schuld sind, wenn sie missbraucht oder misshandelt wurden, sondern sie sind Opfer gewesen. Die Täter haben Vertrauen missbraucht und ihnen tiefen Schaden zugefügt. Nur Gott kann solche Vertrauensbrüche und Ohnmachtserfahrungen in der Tiefe der Seele heilen. Das bezieht sich auch auf die Körpereinstellungen und -empfindungen, die häufig so oder so ähnlich lauten: *»Mein Körper ist wie ein dreckiger Lumpen, den ich hassen, verachten und zerstören muss.«*

Die Begleitung durch erfahrene Seelsorger kann in solchen Heilungsprozessen dringend erforderlich sein. Menschen, die helfen, dass die Achtung vor sich selbst zurückgewonnen oder überhaupt zum ersten Mal erlebt werden kann. Menschen, die zeigen, wie Grenzüberschreitungen abgewehrt werden können, die zum Nein ermutigen. Menschen, die zu neuen Vater- oder Muttererfahrungen verhelfen und so den schlimmen Erfahrungen der Vergangenheit Neues und Positives, Heilendes entgegensetzen. Dann können die Botschaften anders als bisher lauten:

»Gott hat meinen Körper geschaffen, darum ist er liebenswert. Ich brauche meinen Körper nicht zu hassen. Ich darf Gefühle zeigen, auch die negativen. Ich darf meinen Körper und seine Empfindungen wahrnehmen und muss dabei

nicht mehr im Chaos enden. Auch wenn ich Gefühle zulasse, die wehtun, gehe ich dabei nicht unter. Gott weint mit mir über die Wunden, die mir von anderen oder durch mich selbst zugefügt wurden. Gottes Liebe kann mein Chaos heilen. Ich darf mich selbst wieder achten und wertschätzen.«

Vergebung

Die Heilung, die Gott schenkt, kann helfen, andere Menschen unter einem neuen Blickwinkel zu sehen:

- als Gottes Geschöpf,
- als vergebungsbedürftigen Menschen,
- als Mann oder Frau mit seelischen Wunden,
- als Opfer einer Situation.

Der Gedanke, dass Täter oft selbst zutiefst verletzte Menschen waren, die aus Zwängen heraus handelten, süchtig nach Sex oder Macht, kann zu einer neuen Sichtweise auf die Vergangenheit verhelfen. Auch Eltern machen in der Regel nicht willentlich und vorsätzlich Fehler, sie können selbst Gefangene ihrer Vergangenheit sein und ihre eigene Verletzlichkeit an die nächste Generation weitertragen. Solche Kreisläufe will Gott mit seiner heilenden und versöhnenden Kraft durchbrechen. So können auch Opfer erleben, wie befreiend es sein kann, den Tätern zu vergeben. Damit können sie eine neue Definition ihrer selbst lernen: *»Ich bin nicht mehr Opfer. Ich bekomme von Gott eine neue Würde.«*

Die schlimmen bedrängenden Gedanken an diese Menschen müssen dann nicht mehr bedrohlich und beängstigend sein, sie können ihre Macht verlieren, denn Christus stellt sich schützend zwischen den Täter und das ehemalige Opfer.

Aufbruch

Die Folge von Heilung ist Aufbruch. Geheilte Menschen können selbst Verantwortung für ihre Taten übernehmen und müssen sich nicht mit den Erziehungsfehlern der Eltern oder anderer Menschen entschuldigen. Sie müssen sich nicht mehr als Opfer sehen. Sie müssen sich nicht mehr selbst bemitleiden und ihre Fehler und Schwächen nicht mehr verstecken. Vergeben können, Bitterkeit und Trotz ablegen können, Aggression und Selbstverurteilung loslassen können, das alles ist die Auswirkung von innerer Heilung.

So kann Gott sowohl die Gefühle als auch das Denken über die Vergangenheit heilen und zu einer inneren Versöhnung darüber verhelfen. Wir sollen Frieden erfahren über dem, was geschehen ist und es in Gottes heilende Macht ablegen. Wir dürfen neu werden durch sein Wirken in unserem Leben.

Es gibt Heilung – auch von den schlimmsten Verletzungen der Kindheit, auch von brutalem körperlichem und emotionalem Missbrauch. Es ist nicht die Zeit, die Wunden heilt. Es ist letztlich die Liebe Gottes, die unser Leben heil und dann auch erfüllt machen kann. Jesus hat für uns am Kreuz geblutet, hat sich so tief verletzen lassen, um unsere Lebenswunden zu heilen, um unsere Lasten auf sich zu nehmen.

Literatur

Fischer, Gottfried - Neue Wege aus dem Trauma, Patmos-Verlag 2003

Kachler, Roland - Meine Trauer wird dich finden, Kreuz-Verlag 2005

Mack, Cornelia - Die Falle des Vergleichens, Hänssler Verlag 2004

Mack, Cornelia - Mütter und ihre Aggressionen, Hänssler Verlag 2007

Tournier, Paul - Geborgenheit - Sehnsucht des Menschen, Herder, 1969, Bern

Whitmann, Mitchel - Brecht das Schweigen, ein Handbuch zur Behandlung und Seelsorge von Opfern und Tätern bei sexuellem Missbrauch, Aussaat 1993

Riemann, Fritz - Grundformen der Angst, 1961, München

Anmerkungen

1 Fritz Rieman, »Grundformen der Angst«, S. 156ff.
2 Fritz Rieman, »Grundformen der Angst«, S. 105ff.
3 J. Thomas, »Parents in Hill, L. Caring for Dying Children and their families«, London, New York, Tokio, 1994. S. 43-66
4 Siehe auch Cornelia Mack, »Die Falle des Vergleichens«, S. 33f.
5 Filder-Zeitung, 28.10.94
6 Gottfried Fischer, »Neue Wege aus dem Trauma«, S. 62ff.
7 Mila Hanke, in: Psychologie heute, Oktober 2006, Der Umgang mit dem Tod, S. 46f.
8 Roland Kachler, »Meine Trauer wird dich finden«, S. 166
9 1. Korinther 7,29ff.
10 Siehe dazu auch Cornelia Mack, »Mütter und ihre Aggressionen, ein verheimlichtes Problem«, S. 36f.
11 Paul Tournier, geb 1898 in Genf; gestorben 1986
12 Paul Tournier, »Geborgenheit - Sehnsucht des Menschen«, S. 166
13 Paul Tournier, »Geborgenheit - Sehnsucht des Menschen«, S. 167
14 Paul Tournier, »Geborgenheit - Sehnsucht des Menschen«, S. 168
15 Roland Kachler, »Meine Trauer wird dich finden«, S. 40ff.
16 EKG 147, »Wachet auf, ruft uns die Stimme«, Philipp Nicolai 1599
17 Kathleen Mc Gowan in Psychologie heute Oktober 2007
18 Elisabeth Gründler, »Dem Schrecken Worte geben«, in: Psychologie heute, Dezember 2006
19 Gottfried Fischer, »Neue Wege aus dem Trauma«, S. 75

Cornelia Mack

Töchter & Mütter

Konflikte und Perspektiven

Tb., 12 x 19 cm, 176 S.,
Nr. 395.077,
ISBN 978-3-7751-5077-4

»Mama« – das erste Wort eines Kindes. Vom Sandkasten an begleitet uns unsere Mutter. Sie prägt uns, auch wenn wir uns von ihr lösen. Cornelia Mack zeigt, wie Töchter und Mütter zu einer gesunden Beziehung finden.

Cornelia Mack

Endlich mehr Zeit

Freiräume im Alltag schaffen

Geb., 10,5 x 16,5 cm, 144 S.,
Nr. 394.785,
ISBN 978-3-7751-4785-9

Klar, Zeit ist kostbarer als Geld. Aber wir haben so wenig davon! Wie finden wir Raum für die wichtigen Dinge im Leben? Cornelia Mack zeigt: Klare Ziele, gestaltete Rhythmen und innere Ordnungen helfen zu mehr Zufriedenheit und Gelassenheit.